vmn

Naumanns
sagenhafte Märchenbücher

Grimms Märchen für das Saarland

Zwölf Märchen der Brüder Grimm
in Mundart
nacherzählt von Roselinde Altpeter

Verlag vmn M. Naumann

Copyright by
Verlag Michaela Naumann, vmn, Nidderau, 2003
Gesamtherstellung: Danuvia Druckhaus Neuburg GmbH,
86633 Neuburg/Donau

1. Auflage 2003

Herausgegeben von Dr. Walter Sauer

Bibliografische Information Der Deutschen Bibliothek
Die Deutsche Bibliothek verzeichnet diese Publikation
in der Deutschen Nationalbibliografie;
detaillierte bibliografische Daten
sind im Internet über http://dnb.ddb.de abrufbar.

ISBN 3-936622-26-4

vmn
Verlag M. Naumann
Eicher Straße 4 · 61130 Nidderau
Telefon 06187 22122 · Telefax 06187 24902
www.mundartverlag.de
eMail: info@mundartverlag.de

Die Märchen

Vorwort 6

De Aarme ónn de Reische 9
Die Breemer Schdaddmussiggande 15
De aarm Millerbursch ónn das Käddsje 20
Es Aschepuddel 25
Das blaue Lischd 35
Es Rómbelschdilsje 41
Es Roodkäbbsche 46
Die Schderndaaler 52
Es Dornreesje 54
Die Frau Holle 60
Briedersche ónn Schweschdersche 65
De Froschkeenisch
odder: De eiserne Heinrisch 74

Vorwort

Woher kommen Märchen? Seit wann gibt es sie? Welche Rolle spielen sie für das Kind? Das sind Fragen, mit denen sich die Märchenforschung befasst, Fragen also, die Erwachsene stellen. Das Kind fragt nicht, woher die Märchen kommen. Für das Kind ist es wichtig, dass ihm jemand ein Märchen erzählt. Es wartet auf die Aufforderung der Oma, der Mutter oder einer Tante: »*Kumm bei misch uff mei Gääre* (Schoß), *Schäddsje, isch verdsähle der e Määrsche!*« Wenn die Erzählerin dann beginnt, eröffnet sich dem Kind eine unbekannte Welt, verändern sich Zeit und Raum. Es wird entführt in eine ferne Zeit, in das Es-war-einmal. Es wird entführt in Länder mit dichten Wäldern, unter deren riesigen Bäumen Wichtelmänner goldene Schätze hüten, Wälder, in denen Hexen und Zauberer ihr Unwesen treiben, Wälder, in denen Räuber und Menschenfresser auf ihre Opfer lauern. In den Märchen lernt das Kind das harte Leben der armen Hüttenbewohner sowie das müßige Dasein an prächtigen Königshöfen kennen. Im Märchen verwandeln sich Menschen in Tiere und Tiere in Menschen. Im Märchen wartet die Hölle auf den Menschen, der seine Seele dem Teufel verschreibt. Im Märchen wandelt der liebe Gott auf Erden und belohnt den Menschen, der brav und fromm den teuflischen Verlockungen widersteht.

Wenn wir uns das alles bewusst machen, dann birgt das Märchen recht eigentlich eine ungeheure Fülle an Lehrstoff für das Kleinkind. Es lernt eine immens große und weite Welt kennen, in die es als Unwissendes hineingeboren wurde. Darum ist es so wichtig für das Kind, auf dem schützenden Schoß eines Erwachsenen zu sitzen, seine Nähe zu spüren – kurzum, das zu haben, was wir im Saarland *Geheischnis* nennen. Ohne dieses Geheischnis wären die Ängste, die durch die Grausamkeiten in manchen Märchen hervorgerufen werden, für das Kind unerträglich.

Zum Geheischnis gehört aber nicht nur die körperliche Nähe, dazu gehört auch die vertraute Stimme und die vertraute Sprache. Die von Märchenforschern aufgezeichneten Märchen wurden ihnen, wenn sie authentisch waren, in Mundart erzählt. Einige dieser Märchen haben uns die Brüder Grimm nur in Mundart überliefert, die anderen wurden des leichteren Verständnisses wegen in die Schriftsprache übersetzt.

Zwölf dieser Grimmschen Märchen hat Roselinde Altpeter in ihrer heimischen Mundart nacherzählt. Dabei ist es ihr gelungen, alte Mundartwörter und Wendungen, die zum Teil schon in Vergessenheit geraten sind, in ihre Erzählungen einzubauen.

Roselinde Altpeter hat bereits einige ihrer Mundartmärchen in Seniorenkreisen vorgelesen. Das erinnere sie an die Märchenstunden ihrer Kindheit, sagten ihre Zuhörer, an die Geborgenheit auf dem Schoß der Großmutter. Sie erinnerten sich an die Winterabende in der warmen Küche, an das knisternde Feuer im Herd, dessen Türchen offen stand, um Licht zu sparen. Sie erinnerten sich an die tanzenden Schatten oben an der Decke und – als Besonderheit – an den Duft eines Bratapfels auf der Herdplatte.

Vielleicht liegt darin der Zauber der Märchen: Dem Kind eröffnen sie den Zugang zur Welt, den Erwachsenen gemahnen sie an die Märchenstunden seiner Kindheit.

Die Autorin hofft, dass ihre Märchen den Kindern erzählt oder vorgelesen werden, weil ihnen nur so ein Gefühl von Geheischnis vermittelt werden kann, an das sie sich auch als Erwachsene noch gern erinnern. Sie bittet – und ich schließe mich ihrer Bitte an –, dass man die Kinder Märchenkassetten nicht allein hören lassen soll.

Dr. Edith Braun

De Aarme ónn de Reische

Dòòmòòls, vòòr langer, langer Dseid, wie de liewe Godd noch selwer óff der Erd ónner de Mensche erómgang éss, hadder doch reschelreschd die Dseid vergess, ónn es éss Naachd wòòr, ohne dass er e Dach iwwerm Kobb gehadd hädd. Dò hadder eróm ónn dómm geguggd ónn hadd dswei Heiser gesiehn, die wo sisch wissawwie geschdann hann. Das ääne waar groos ónn scheen ónn hadd eme Reische geheerd. Das anner waar glään ónn aarmseelisch ónn hadd eme Aarme geheerd. Dò hadd de liewe Herrgodd gedenggd: ›Fier denne Reische dò werr isch kä groosi Laschd bedeide, bei demm wéll isch iwwernaachde.‹

Dò hadder bei demm Reische an die Dier geglobbd. Nòò langem Globbe hadd däär es Fénschder óffgemach ónn hadd denne Fremde gefròòd, was er dòò se suuche hädd. Dò hadd de liewe

Godd gefròòd, ob er bei ihm e Naachdlaacher kénnd hann. Dò hadd der Reische denne Wannerschmann emòòl vón owwe nòò ónne gemuschderd, ónn wie er gesiehn hadd, dass de liewe Godd gans äänfach ónn schlischd aangedsòò waar ónn nédd ausgesiehn hadd, wie wenner vill Geld hädd, hadder dabber de Kobb geschiddeld ónn gesaad: »Ei, wo kääm isch dann dòò hin, wenn isch jeedem Häärgelóffene e Bedd gääng dser Verfieschung schdelle? Dò wäär isch jò selbschd ball e aarmer Mann ónn gääng am Beddelschdaab gehn. Iwwerischens éss mei Haus voll Fruchd, die wo isch dursch mei Fleis ónn mei Aanschdand miehseelisch erworb hann. Suuchen Eisch irjendwo annerschd e Ónnerschlubb ónn machen, dass ner fordkómme!«

Dann hadd der reische Mann sei Fenschder dsuugeschlaa ónn hadd de liewe Godd draus schdehn geloss. Jedds hadd unser liewer Herrgodd dòò én der Dónggelhääd geschdann ónn hadd gedenggd: ›Das dòò waar niggs. Versuuche mers mòòl óff der anner Seid an demm glääne Heisje.‹

Kaum hadder dord aangeglobbd, dò hadd der aarme Mann schon sei Dier óffgemach ónn gesaad: »Ei, kómmen erén ónn wärmen Eisch, Ihr kénne aach iwwer Naachd bleiwe, es éss jò aach schon aarisch schbääd ónn schdoggdónggel.«

Das hadd em liewe Godd gefall, ónn er éss aach gääre blieb. Dò éss aach demm Aarme sei Fraa kómm, hadd em die Hand gebb ónn gesaad, er soll sischs begweem mache. Sie hädde nédd vill, awwer vón demm bissje gäänge se gääre méd ihm dääle.

Se éss én de Schdall gang ónn hadd die Geis gemolg, dass se e bissje Milsch debei hädde. Dann éss se an de Herd gang, hadd denne gudd geschierd ónn gegruddeld ónn hadd die Grómbiere iwwergemach. Wie dann de Disch gedeggd waar, hann se sisch draangeseddsd ónn hann sisch das äänfache Esse gudd schmegge geloss.

Em liewe Godd hadd noch besónnersch gefall, dass es beim Esse so froh ónn freindlisch dsuugang éss. Wie se dann méddem Esse ferdisch waare, waars Dseid, éns Bedd se gehn. Dò hadd die Fraa ihr Mann gans hääwes gefròòd, ob se sisch nédd fòòr die Naachd óff e Schdrohlaacher sollde lee'e ónn demm Wannerbursch ihr Bedd aanbiede sollde, weil däär doch beschdémmd aarisch mied ónn kabbudd wäär vóm weide Wääsch. »Ei, jòò, gans gääre«, saad dò de Mann, »demm duun beschdémmd all Gnoche weh«, ónn hadd em liewe Godd sei Bedd aangebodd.

De liewe Godd hadd abgewehrd, er wolld doch denne dswei Alde kää Uwweraasch mache. Awwer der Mann ónn die Fraa hanns nédd annerschd gedòòn ónn sischs nédd holle geloss ónn hann ihr Naachdlaacher médderer Bärd Schdroh óffem Boddem gemach.

De annere Mòòrje sénn se schon frieh óffgeschdann ónn hann so gudd wie se kónnde Kaffee gekochd. De liewe Godd éss aach óffgeschdann, ónn die drei hann sischs gudd schmegge geloss.

Awwer eh dass de liewe Godd sisch verabschied hadd, hadder noch ebbes mésse saan: »Weil ner so freindlisch ónn gudd dsu mer waare, dòòdefòòr dirfe ner eisch drei Sache winsche. Alles soll én Erfüllung gehn.«

Dò hadd der Aarme gesaad: »Was solle mier uns winsche als wie die eewisch Seelischkääd, ónn dass mier dswei, so lang wie mer lääwe, gesónd bleiwe ónn unser Auskómme hann. Fòòrs drédde wääs isch mer niggs se winsche.«

»Wéllschde der nédd e neies Haus fòòr das alde dòò winsche?«

»Ei, jòò, wenn das gääng, wäärs mer reschd«, hadd der aarme Mann dò gesaad. Dò sénn die drei Winsch én Erfüllung gang, de liewe Godd hadd ne noch alles Guude gewinschd ónn hadd sisch óff de Wääsch gemach.

Es waar schon lang Daach, wie de reische Mann óffgeschdann éss. Seerschd hadder sisch emòòl aus em Fenschder gelehnd fòòr enausseguggge. Er hadd seine Aue nédd gedraud, wie er anschdadd däär ald Bruchbuud e scheenes roodes Baggschdäänhaus gesiehn hadd. Sofford hadder sei Fraa geruuf ónn hadder alles gedseid, was sisch dò driwwe verännerd hadd, ónn er hadd se eniwwergeschiggd fòòr se heere, was dòò vòòrgang waar.

Dò hadd der Aarme gesaad: »Ei, geschder òòwend éss e Wannerbursch dòò verbeikómm ónn hadd e Naachdlaacher gesuuchd. Ónn heid mòòrje hadder uns drei Winsch freigebb: die eewisch Seelischkääd, die Gesóndhääd ónn s dääschlische Auskómme ónn soogaar schdadd der ald Hidd e neies Haus.«

Die Fraa vóm Reische éss niggs wie hemm ónn hadd demm ald Gniggsagg alles hòòrglään verdsähld.

»Isch Rindvieh, isch kénnd misch én der Lufd verreise, hädd isch das dòò gewóschd! Der Kerl waar seerschd bei mier ónn hadd nòò rer Ónnerkunfd gefròòd. Awwer mer kann jò heidsedaachs némmeh jeeder erénlosse!«

»Mach schnell«, hadd dò die Fraa gesaad, »sedds disch óff dei Päärd, ónn dann niggs wie ab, villeischd hollschde denne Mann noch én. Ónn dann kannschde demm jo alles erglääre. Beschdémmd haschde dann aach drei Winsch frei!«

Der Mann hadd gemach, was sei Fraa gesaad hadd, ónn daadsäschlisch hadder de liewe Godd noch éngeholl. Jesses nää, dò hadder sisch deggmòòls endschullischd, weil er ne nédd eréngeloss hädd, awwer er hädd de Schléssel verleed gehadd. Ónn wie er ne wéddergefónn hädd, wäär er schon fordgewään. Awwer beim näägschde Mòòl, dò solld er ne doch besuuche kómme. Er gääng em aa e gudd Glaas Wein hinschdelle.

Dò hadd de liewe Godd gesaad, es wäär gudd, ónn beim näschschde Mòòl käämer ne aach besuuche.

Ob er jedds aach drei Winsch frei hädd, hadd der Reische dò gesaad.

Er soll sisch liewer niggs winsche, hadd unser Herrgodd gemennd, das wäär iwwerhaubd nédd gudd fòòr ne. Awwer däär Reische waar sisch gans sischer, dass er schon wissd, was er sisch soll winsche. »Reid nuur hemm, die drei Winsch, wo de saaschd, die gehn én Erfillung«, hadd em de liewe Godd dann doch nòògebb.

Jedds hadd der Reische das gehadd, was er wolld, ónn er hadd sisch óff de Hemmwääsch gemach. Die gans Dseid sénn em die Winsch ém Kobb erómgang, ónn er hadd nédd óff sei Päärd óffgepassd. Das hadd óff äämòòl aangefang se schbrénge ónn éss gerennd ónn hadd sisch nédd bremse geloss. Dò éss der Reiderschmann aarisch wiedisch wòòr ónn hadd geschrie: »Gäängschde der nuur de Hals bresche!«

Kaum dass er das gesaad hadd, baufdisch, breschd das Päär ónner ihm sesamme ónn éss mausdood. Also waar de erschde Wunsch én Erfillung gang.

Weil er e Geidsgraache waar, hadder das Saddeldseisch abgeschnidd ónn hadd sischs óff de Bóggel gebónn ónn éss dse Fuus weidergang.

›Immerhin‹, hadder gedenggd, ›isch hann jò noch dswei Winsch iwwerisch.‹ Méddlerweile weils e heiser Summerdaach waar, hadder aarisch geschwiddsd méd seim schwääre Saddeldseisch óff em Bóggel, dsuudemm waar er doodmied ónn hadd émmer noch nédd gewóschd, was er sisch als näägschdes solld winsche. Kaum dass er e Wunsch gehadd hadd, éss em noch e besserer éngefall.

Schlieslisch hadder an sei Fraa gedenggd, wie die jedds én der kiehl Schdubb seddsd ónn es sisch gudd gehn lossd. Ónn äär móss de Saddel schlääfe ónn schwiddse. Dò hadder sisch so geärjerd, dass er aus lauder Raasch némmeh gewóschd hadd, was er saad: »Gäängschde nuur dehemm óff demm bleede Saddel dò seddse ónn käämschd dei Lebdaach némmeh erónner, anschdadd isch misch dòò so abgwääle!«

Kaum hadder das gesaad, waar das Saddeldseisch verschwónn, ónn dò hadder gemergd, dass jedds aach de dswädd Wunsch ausgeschwäddsd waar.

Dò ésses em gans heis ónn kald iwwer de Bóggel gelaaf, ónn er hadd gemach, dass er óff em schnellschde Wääsch hemm kómmd ónn sisch sei leddschder Wunsch én Ruh iwwerlee'e kann.

Wie er awwer hemm kómmd, gehd er én die gudd Schdubb. Huggd dord sei Fraa ém médde Dsémmer óff em Saddel ónn kann nédd erónner ónn machd Ballaawer ónn jammerd, das hädd se beschdémmd ihm se verdangge.

»Oh, sei äämòòl ruisch«, hadd dò der reische Mann gesaad, »isch winsche der de Reischdumm vón der gans Weld, awwer bleib óm Goddes heilische beschde Wélle nuur óff deim Saddel seddse!«

Awwer dò hadd sei Fraa aangefang, Godd ónn die Weld sesammeseschreie: »Du Eesel, was soll isch dann méd alle Reischdimmer, wenn isch dòò óff em Saddel móss seddse ónn nédd erónner kann? Mach endlisch, dass isch dòò erónner kann!«

Er hadd sisch gedrähd ónn gewennd, wie er nuur wolld, awwer er hadd sei drédder Wunsch ausschwäddse mésse, ónn sei Fraa hadd wédder kénne erónner vón demm bleede Saddel.

Also hadder bei der gans Sach niggs wie Ärjer, Huddel ónn Schäärereie gehadd. Der aarme Mann awwer ónn sei Fraa hann froh ónn dsefriede gelääbd bis an ihr seelisches Enn.

Die Breemer Schdaddmussiggande

Es waar emòòl e Mann, der hadd e Eesel gehadd, der hadd schon jòhrelang die Sägg an die Miehl gedraa ónn hadd dòòdorsch sei Gräfde verlòòr ónn kónnd die schwäär Aarwed némmeh mache. Dò wolld sei Herr ne ausem Fudder schaffe. Awwer der Eesel hadd gemergd, dass fòòr ihne kä gudder Wind wehd, ónn er éss fordgelaaf, fòòr én Breeme e Schdaddmussiggand se werre.

Wie er e Dseidlang gang waar, hadder e Jachdhónd am Wääsch leie gesiehn, der kónnd nuur noch jabbse, weil er sisch mied gelaaf hadd. »Ei, was jabbschde dann so?« hadd dò de Eesel gefròòd.

»Ach, wääschde«, hadd dò de Hónd gesaad, »isch bénn ald ónn werre jeede Daa schwäscher ónn kann némmeh óff die Jachd gehn, dò hadd misch mei Herrsche wolle doodschlaan. Awwer dò hann isch de Schwans éngedsòò ónn bénn ab. Awwer jedds wääs isch nédd, wie isch mei Brood verdiene soll.«

»Wääschde, was?« hadd dò de Eesel gesaad. »Isch gehn nòò Breeme ónn werre Schdaddmussiggand. Geh méd mer ónn mach aa Mussigg! Isch schbiele die Laude, ónn duu hauschd óff die Paug.« Dò hadd de Hónd dsuugesaad, ónn die dswei sénn médnanner weidergewannerd.

Es hadd awwer nédd lang gedauerd, dò hadd e Kadds am Wääsch gehuggd ónn hadd e Gesischd geschnied wie drei Daa Räänwedder.

»Ei, was éss dier dann iwwer die Lewwer gelaaf, alder Bardbóddser?« hadd de Eesel gefròòd.

»Mei liewer Eesel, wäär kann dòò noch luschdisch sénn, wenns ääm aan de Graache gehd«, hadd dòò die Kadds gesaad. »Weil isch jedds dse ald bénn, ónn weil mei Dsänn schdómb werre, dò duun isch liewer hénnerm Oowe hugge ónn schbénne, als wie Meis fange se gehn. Deswääe hadd misch mei

15

Frausche wolle versääfe. Dò hann isch misch dabber fordgeschaffd, awwer jedds éss gudder Ròòd deier. Wo soll isch noch hin?«

»Ei, geh méd uns nòò Breeme! Du verschdehschd doch ebbes vón Naachdmussigg. Du kannschd doch aa Schdaddmussiggand werre.«

›Ei, dò gehn isch méd‹, hadd dò die Kadds gedenggd ónn éss médgang.

Dòò sénn die drei Flischdlinge an eme Hoof verbei kómm, dò hadd de Goggelhahn óffem Dach gehuggd ónn hadd aus vollem Hals geschrie. »Du schreischd jò, dasses ääm dorsch Maarg ónn Penning gehd«, hadd dò de Eesel gesaad. »Was haschde dann méd deiner Schreierei vòòr?«

»Ei, isch hann gudd Wedder broffedseid«, saad de Hahn, »weil mei Frausche hadd em Grischkénnche sei Diescher gewäschd ónn wolld se jedds dróggele. Awwer weil mòòrje am Sónndach Besuuch kómmd, hadd se doch kää Erbaarme gehadd ónn hadd der Käschin gesaad, dass se mòòrje e gudd Sóbb solld mache. Ónn dòòdefòòr soll isch mer de Kobb abschlaan losse. Deswääe schrei isch aus vollem Hals, so lang, wie isch noch schreie kann.«

»Ei, wääschde, was, du Roodkobb?« hadd dòò de Eesel gesaad. »Geh liewer méd uns ford, mer gehn nòò Breeme, ebbes Besseres wie de Dood kannschde iwwerall fénne. De haschd doch e guddi Schdémm. Ónn wammer sesamme Mussigg mache, dann móss das ebbes genn.«

De Hahn hadd sisch denne Vòòrschlaach gefalle geloss ónn éss méd denne drei sesamme fordgang.

An äänem äänsische Daach kónnde se awwer nédd nòò Breeme kómme ónn hann misse én eme Wald iwwernaachde. De Eesel ónn de Hónd hann sisch ónner e grooser Baam geleed. Die Kadds ónn de Goggelhahn sénn én die Äschd gegrawweld, ónn de Goggelhahn éss soogaar bis én die Schbidds geflòò, weil er sisch dord am sischerschde gefiehld hadd. Awwer eh dass er éngeschlòòf éss, hadder sisch nòò alle vier Himmelsrischdunge gedrähd, ónn dò hadder óff äämò gemennd, er gääng gans weid hénne e Finggsche Lischd siehn. Ónn dò hadder seine Kammeraade dsuugeruuf, dò méssd én der Näh e Haus sénn, er gääng Lischd siehn.

Dò hadd de Eesel gesaad: »Dò mésse mer hingehn, e Dach iwwerm Kobb éss émmer besser, als wie em Wald geschlòòf.« De Hónd hadd gemennd, e paar Fleischgnoche gäänge ihm aa gudd duun.

Also sénn se én Rischdung Lischd gang ónn hann aach e heller Schimmer gesiehn, bis se schlieslisch vòòreme Reiwerhaus méd helle Fénschdere geschdann hann. De Eesel, wo de Greeschde vón ene waar, éss ans Fénschder gang ónn hadd enéngeguggd. »Was siehschde dann, du alder Gròòkobb?« hadd dòò de Hahn gefròòd.

»Ei, isch siehn e scheen gedeggder Disch méd guddem Esse ónn Déngge, ónn rónderóm séddse Reiwer ónn losse sischs gudd gehn.«

»Mensch, das wäär ebbes fòòr uns, das wäär e Gneedel fòòr óff mei Gawwel«, hadd dò de Goggel gesaad, »wemmer nuur schon drén wäre!« Dò hann die vier sisch Gedangge gemach, was se ónnernemme méssde, fòòr die Reiwer enaussejääe, ónn se hann e Wääsch gefónn. De Eesel hadd sisch mésse méd de Vorderfies óff die Fénschderbangg schdelle, de Hónd éss óffem Eesel sei Bóggel geschbróng, die Kadds éss óff de Hónd gegrawweld, ónn de Goggel hadd sisch dann der Kadds óff de Kobb gehuggd.

Wie se méd ihrm Offbau ferdisch waare, hann se méd ihrer Mussigg aangefang: De Eesel hadd geschrie, de Hónd hadd gebelld, die Kadds hadd miaud, ónn de Goggel hadd gegrähd. Dann sénn se gääes Fénschder geschbróng, dass die Scheiwe nuur so geglirrd hann. Dò sénn die Reiwer verschrogg ónn hann gemennd, e Geschbensd kääm én ihr Schdubb, ónn se sénn niggs wie ab én de Wald enén gerennd.

Jedds sénn die vier Drawwande aan de Disch ónn hann sisch emòòl so gudd sadd gess, wie wenns e Hongersnood gääb.

Wie die vier Mussiggande ferdisch waare, hann se es Lischd ausgemach ónn jeeder hadd sisch, wie es sei Ard éss, e Schlòòfbläddsje gesuucht. De Eesel hadd sisch óff de Mischd geleed, de Hónd éss hénner die Dier gang, die Kadds ónner de Herd én die waarme Äsche, ónn de Goggel éss óff de äwwerschd Balge geflòò, ónn dann sénn se éngeschlòòf.

Médde én der Naachd hann dann die Reiwer vón weidem gesiehn, dass dòò ém Haus kää Lischd meh brennd ónn dass alles ruisch waar. Dò hadd de Reiwerhaubdmann gesaad: »Mer hädde uns doch nédd so schnell solle éns Boggshorn jääe losse, mer méssd eiendlisch ääner hinschégge fòòr nòòsegugge, was loss éss«.

Dò éss ääner hingang ónn hadd alles schdill vòòrgefónn ónn éss én die Kisch gang, fòòr Lischd se mache.

Wie er die gliehdische Aue vón der Kadds gesiehn hadd, hadder gemennd, das wääre noch Gluude vóm Feier. Dò hadder e Schdreischhälsje an der Kadds ihr Aue gehall, fòòr Feier aansemache. Awwer die Kadds hadd kää Schbass verschdann, se éss em éns Gesischd geschbróng ónn hadd ne gans vergraddsd. Dò ésser aarisch verschrogg ónn wolld die Hénnerdier enauslaafe. Awwer dòò hadd de Hónd gelää ónn hadd em éns Bään gebéss. Wie er dann weider óffem Hoof am Mischd langs gelaaf éss, hadd de Eesel em noch ordlisch ääner médd em Hénnerbään gebb. De Goggel éss vón demm ganse Gejäschdsches wach wòòr ónn hadd vóm Kehlbalge geschrie: »Giggeriggie, giggeriggie!«

Dò éss däär Reiwer awwer abgehau, so schnell wie er nuur kónnd. Er éss bei de Reiwerhaubdmann gerennd ónn hadd vòòr lauder Jabbse kaum noch kénne schwäddse. »Herr Haubdmann, Herr Haubdmann, én demm Haus huggd e greilischi Heggs, die hadd misch aangefauchd ónn hadd méd ihre Fingernäschel mei gans Gesischd vergraddsd! Ónn aan der Dier schdehd e Mann méddeme lange Messer ónn hadd mer éns Bään geschdoch. Ónn óffem Hoof leid e schwardses Ungeheier ónn éss méddeme Holsglofder óff misch lossgang. Ónn óffem Dach, dò séddsd de Rischder ónn hadd geruuf: Bréng mer denne Dieb! Bréng mer denne Dieb!« Dò hann isch die Bään óff de Bóggel geholl ónn bénn schdifde gang.«

Die Reiwer hann sisch némmeh éns Haus gedraud. Awwer die vier Mussiggande sénn én demm Haus blieb ónn hann sisch wohl gefiehld ónn sénn némmeh erausgang.

Ónn der, wo mer das dòò alles verdsähld hadd, demm éss de Mund noch gans drógge vóm ville Schwäddse.

De aarm Millerbursch ónn das Käddsje

Én erer Miehl hadd emòòl e alder Miller gelääbd, der hadd kää Fraa ónn kää Kénner gehadd, awwer drei Millerbursche hann beim geschaffd. Alle drei waare schon e paar Jòhr beim, ónn an eme scheene Daach hadder se óff die Seid gehoII ónn gesaad: »Isch bénn jedds ald ónn wéll méd der Aarwed óffheere ónn misch ausruhe. Awwer ihr solle én die Weld dsiehe, ónn däär, wo mer es beschde Päärd bréngd, däär soll die Miehl grien, awwer er móss misch aach bis dsu meim Dood versorje.«

Awwer de drédd vón denne Millerbursche, de Hans, waar e bissje äänfäldisch ónn éss vón denne annere nuur veräbbeld wòòr ónn fòòr dómm verkaafd wòòr. Dsuudemm hann se ihm die Miehl nédd vergónne kénne. Er waar aach gar nédd dróff aus gewään.

Wie se so alle drei es Dorf enaus gewannerd sénn, hann die dswei dsu demm Äänfällische gesaad:

»Fòòr disch hadds iwwerhaubd kää Wäärd, dass de médgehschd. Bleib liewer dòò, du gréschd dei Lebdaach kää scheenes Päärd.« De Hans hadd sisch awwer nédd vergraule geloss ónn éss äänfach médgang.

Dò sénn se dann gewannerd, bés es Naachd waar. Dò hann se e Hehl gefónn ónn hann sisch schlòòfe geleed.

Die dswei Iwwerschlaue awwer hann gewaard, bis de Hans éngeschlòòf waar. Dann hann se sisch schdiegum fordgeschlisch ónn hann de Hans allään serégg geloss. Se waare noch aarisch schdols óff sisch ónn hann wónnerschd gemennd, was se ferdischgebróng hädde.

Am annere Mòòrje éss de Hans én der Hehl wach wòòr, ónn wie er gemergd hadd, dass er gans allään waar, dò hadd ers méd der Angschd se duun grédd, hadd laud óm Hilfe geschrie ónn gedenggd: ›Wie soll isch nuur allään aan e Päärd kómme?‹

Wie er so verdsweiweld waar, éss em e glräänes, bundes Käddsje iwwer de Wääsch gelaaf ónn hadd ne gefròòd, was er dann wolld. »Ach, du kannschd mer nédd helfe«, hadd dò de Hans gesaad.

»Was du wéllschd, wääs isch genau«, hadd das Käddsje dò gesaad, »de wéllschd e scheener Gaul hann. Wääschde, was? Geh méd mer ónn schaff siwwe Jòhr bei mer, dann gréschde vón mier e Päärd, so haschde dei Lebdaach noch niggs gesiehn, sòò scheen!«

›Das dòò éss awwer e koomischi Kadds‹, hadd dò de Hans gedenggd. Awwer er éss médgang, fòòr se siehn, ob das alles wòhr wäär, was die Kadds gesaad hadd.

Se sénn an e verdsauwerdes Schlässje kómm, ónn dò waare gans vill Käddsjer, die hann die Kadds hénne ónn vòòre bediend, se sénn iwwerall erómgelaaf ónn waare mónder ónn frehlisch.

Òòwens, wie se sisch an de Disch geseddsd hann, waare drei dòò, die wo Mussigg gemach hann. Äns hadd de Bass geschbield, äns hadd Gei geschbield, ónn äns hadd die Drómbeed geblòòsd.

Wie se ferdisch waare méddem Esse, hadd die Kadds wolle méddem Hans danse. »Nää, nää«, hadd sisch dòò de Hans gewehrd, »méd erer Kadds hann isch mei Lebdaach noch nédd gedansd!«

Dò hadd die Kadds dann dsu de Käddsjer gesaad, dass se de Hans solle éns Bedd brénge. Dò hann sem sei Schlòòfdsémmer gedseid, hann ene ausgedsòò ónn hingeleed.

Am näägschde Mòòrje hann se ne gewéggd, gewäschd, aangedsòò ónn fein geschdrähld. De Hans kónnd nuur schdaune.

Awwer er hadd aach mésse fòòr die Kadds ebbes schaffe. Er hadd mésse Schliwwerhols mache. Die Agsd, die Keile ónn die Sää waare aus Silwer, de Hammer waar aus Kubfer. So feines Gescherr hadd se gehadd. Wenner ferdisch waar méddem Holsmache, kónnd er sisch im Haus verweile ónn sischs gudd gehn losse. Auser ihm waare nuur die Kadds ónn die Käddsjer dòò, sónschd hadder nimmand gesiehn.

Äämòòl hadd die Kadds dsum gesaad: »Geh enaus én die Wies, mäh es Graas ónn losses dróggele!«

Sie hadd em dann e Séns aus Silwer ónn e Weddsschdään aus Gold genn ónn verlangd, dass er alles nochemòòl serégg solld brénge. Wie er méd seiner Aarwed ferdisch waar, hadder die Sens, de Weddsschdään ónn es Hei im Haus abgeliwwerd ónn wolld sei Lohn hann. »Nää«, hadd dò die Kadds gesaad, »de móschd mer noch meh mache. Dòò hann isch Bauhols aus Silwer, e Dsémmeragsd, e Winggeleise ónn alles, was de brauchschd. Alles éss aus Silwer. Bau mer dòòdevón e gläänes Heisje!«

Dò éss de Hans draangang ónn hadd e Heisje gebaud. Wie alles ferdisch waar, wolld er endlisch sei Päärd hann, weil schon die siwwe Jòhr eróm waare, obwohl es em nédd so lang vòòrkómm éss.

Dò hadd die Kadds ne gefròòd, ob er sei Päärd wolld siehn, ónn de Hans waar énverschdann. Dò hadd se die Dier vóm Heisje óffgemach, ónn dò hann dswälf Päär dòògeschdann, die waare so wónnerscheen, dass ääm es Herds em Leib gelachd hadd.

Dann hann se nommòòl gudd gess, ónn die Kadds hadd gesaad: »So, Hans, jedds kannschde hemmgehn, awwer die Päär genn isch der noch nédd méd. Isch selwer brénge se der nòò drei Daa nòò.«

Dò hadd de Hans sisch ferdischgemach, fòòr hemm én sei Miehl se gehn, ónn die Kadds hadd em de Wääsch gesaad.

Weil die Kadds awwer em Hans niemòòls Lohn odder Geld gebb hadd, hadder mésse én seine alde Glääder hemmwannere.

Wie er dann gligglisch én der Miehl aankómm éss, waare die dswei annere Millerbursche schon dòò. Jeeder vón denne hadd e Päärd gehadd; awwer das ään waar blénd, ónn das anner waar lahm. Dò hann se de Hans nòò seim Päärd gefròòd. Es kääm nòò drei Daa nòò, hadd de Hans gesaad. Dò hann se ne ausgelachd ónn veräbbeld, was das wónnerschd fòòr e Päärd kénnd sénn.

Dò éss de Hans én die Schdubb gang, fòòr em Miller gudde Daach se saan ónn sisch serégg se melle.

Awwer wie de Miller de Hans én denne alde Lombe gesiehn hadd, wie er gesiehn hadd, dass er so verréss ónn verlómbd dò aankomm éss, dò hadder ne erausgeschméss ónn gesaad, mer méssd sisch jò schääme, wenn ääner kääm.

Dò hannsem e bissje Esse gebb, ónn er hadd mésse óffem Schdroh ém Gänseschdällje schlòòfe.

Wie er mòòrjens wach wòòr éss, dò waare die drei Daach schon eróm. Dò éss e Kuddsch vòòrgefahr kómm méd seggs wónnerscheene Päär, ónn e Diener hadd noch e sibdes Päärd fòòr de Hans médgefiehrd. Ónn aus der Kuddsch éss e scheeni Keenischsdochder ausgeschdie. Die waar das glään bund Käddsje gewään, bei demm wo de Hans siwwe Jòhr geschaffd gehadd hadd. Die hadd de Miller gefròòd, wo de Millerbursch, de Hans, wäär.

De Miller hadd gesaad, däär wäär ém Schdall, weil er so verlómbd wäär ónn mer sisch schääme méssd. Dò hadd die Keenischsdochder gesaad, dass se ne sofford sollde häärholle.

Dòòdróffhin hann se ne häärbraachd. Er hadd awwer sei Kiddel vòòre ónn hénne sesamme mésse halle, sónschd hädd er naggisch dòò geschdann.

Dò sénn awwer die Diener vón der Keenischsdochder kómm ónn hann ne fein aangedsòò. Ónn wie se ferdisch waare, dò hadders kénne méd jeedem Brins óffholle.

Jedds wolld die Keenischsdochder die Päär siehn, die wo die annere dswei médgebróng hann. Das ääne waar jò blénd, das annere lahm. Dò hadd se vón ihrm Diener das sibde Päärd brénge geloss. De Miller kónnd nuur noch schdaune, weil er sei Lebdaach noch kää so scheenes Päärd gesiehn hadd.

»Das dò Päärd éss fòòr de drédde Millerbursch, fòòr de Hans«, hadd dòò die Keenischsdochder gesaad.

»Ei, dann grédd däär aach die Miehl«, hadd dò de Miller gesaad.

»Das Päärd ónn die Miehl kannschde der an de Hudd schdegge, de Hans awwer, der gehd méd mir!« hadd dòò die Keenischsdochder gesaad ónn éss méddem Hans én die Kuddsch geschdie ónn fordgefahr.

Seerschd sénn se an das glään Heisje kómm, das wo de Hans méd demm silwerne Wergdseisch gebaud hadd. Awwer dord hadd jedds e wónnerscheenes Schloss geschdann. Ónn woo de hingeguggd haschd, iwwerall Gold ónn Silwer.

Die Keenischsdochder hadd de Hans geheiraad, ónn er éss so reisch wòòr, dass er fòòr sei Lebdaach genuch gehadd hadd.

Es soll also kääner saan, dass e Äänfäldischer es dsu niggs Gescheidem brénge kénnd.

Es Aschepuddel

Es waar emòòl e reischer Mann gewään, demm éss sei Fraa grangg wòòr, ónn wie se gemergd hadd, dass se schderwe móss, dò hadd se ihr äänsisch Däschdersche an ihr Bedd geruuf ónn hadd gesaad: »Mei liewes Kénd, bleib émmer frómm ónn brav, dann werd der unser Herrgodd émmer helfe, ónn isch werre vóm Himmel émmer óff disch erónnergugge ónn óff disch óffpasse.« Wie se das gesaad hadd, hadd se die Aue dsuugemach ónn éss gans schdill geschdorb.

Das Määdsche éss jeede Daach ans Graab vón seiner Módder gang ónn hadd aarisch óm se geheild ónn waar fromm ónn aanschdännisch ónn gudd. So éss de Winder erómgang, éss Friehjòhr éss erómgang, ónn der Mann hadd e anneri Fraa geheiraad.

Die Fraa hadd dswei Däschder méd én die Eh braachd, die waare dswaar scheen vón Aangesischd häär, hann awwer alle dswei niggs bei sisch gehadd. Dò hadd das aarme Schdiefkénd niggs meh se lache gehadd. »Du dómmi Gans, mach, dass de aus der gudd Schdubb erauskómmschd«, hann dò die dswei Schweschdere dsu demm aarme Ding gesaad, »wäär Brood esse wéll, móss es sisch erschd verdiene. Mach, dass de én die Kisch kómmschd!«

Dò hannsem die ganse scheene Glääder weggeholl ónn hann em e alder Kiddel gebb ónn fòòr die Fies Holsglombe ónn hann sisch iwwers luschdisch gemach ónn gesaad: »Gugge eisch nuur die fein Keenischsdochder aan, wie se sisch erausgebóddsd hadd.«

Én der Kisch hadd das aarme Ding mésse vill schaffe. Mòòrjens hadds mésse én aller Herrgoddsfrieh óffschdehn ónn die Dreggsaarwed mache. Die dswei hanns nuur verschbodd ónn hann em vòòr lauder Freschhääd Erbse ónn Lénse én die Äsche geschudd, ónn die hadds mésse äan nòò der anner erauspiddele. Nédd nuur das, es hadd sogar nédd dirfe én seim Bedd schlòòfe, es hadd sisch mésse én die Äsche ónnerm Herd lee'e. Dòòfòòr hannses nuur noch Aschepuddel genennd.

Äänes Daachs hadd de Vadder emòòl mésse óff e Jòhrmargd gehn. Dò hadder die dswei Schdiefdäschder gefròòd, was er ne médbrénge solld. »Ei, scheene Glääder«, hadd dò die äan gesaad. »Perle ónn Eedelschdään«, hadd die anner gesaad. Dann ésser bei sei eischeni Dochder gang ónn hadd gesaad: »Ónn duu, Aschepuddel, was wéllschd duu dann hann?«

»Vadder«, hadds dò gesaad, »es erschde glääne Äschdsche, das wo eisch óff em Hemmwääsch an de Hudd schdoosd, das bresche ner ab fòòr misch ónn brénge mers méd.«

Fòòr die dswei Schdiefdäschder hadd de Vadder scheene Glääder ónn Perle ónn Eedelschdään kaafd, ónn óff seim Réggwääsch hadd e Hasselnussdsweisch an sei Hudd geschdoos. Dò hadder das Äschdsche abgebroch ónn hadds méd hemmgeholl.

Wie er hemmkómm éss, dò hadder denne Schdiefschweschdere ihr deire Geschengge gebb, ónn em Aschepuddel hadder denne Hasseldsweisch genn.

Es Aschepuddel hadd sisch bei seim Vadder bedanggd, es éss an seiner Módder ihr Graab gang ónn hadd denne Dsweisch dord én de Boddem geblansd. Dò ésses em so schwäär óms Herds wòòr, dass es hadd bidderlisch mésse heile. Es ganse Graab waar nass vón de Drääne.

Der Dsweisch awwer éss aangewaggs ónn éss e wónnerscheener Baam wòòr. Es Aschepuddel éss jeede Daach dreimòòl ónner denne Baam gang ónn hadd Drääne vergoss. Ónn jeede Daach éss aach e glääner weiser Vochel kómm, ónn wenn sischs ebbes gewinschd hadd, dò hadd das Väschelsche ihm das Gewinschde émmer erónnergeworf.

Én demselwe Land hadd aach e Keenisch regierd. Der hadd e grooses Feschd aangesaad, das wo drei Daach solld dauere, ónn er hadd dòòdedsuu all scheene Määde éngelaad, weil sei Sohn sisch e scheeni Braud solld aussuuche.

Die dswei Schdiefschweschdere waare aach éngelaad wòòr, ónn se hann sisch aarisch gefreid, dass se óff das Feschd hann dirfe gehn. Dò hannses Aschepuddel geruuf, dass es ne die Hòòr kämmd, die Schuh bóddsd, die Schnalle feschdmachd, immerhin gäänge se jò óff e Hochdseid ém Schloss. Es Aschepuddel hadd gemach, was die dswei gesaad hann. Awwer es hadd én sisch enéngeheild, weils aach gäär danse gang wäär.

Awwer die Schdiefmódder hadds nédd gedòòn ónn hadd gesaad: »Du Aschepuddel, wie siehschd duu dann aus, voll Dregg ónn nédd rangschierd, ónn so wéllschd du óff die Hochdseid gehn! Iwwerischens haschde kää Glääder ónn kää Schuh, fòòr danse se gehn.«

Es Aschepuddel hadd awwer nédd nòògeloss se biddele ónn se beddele, ónn dò hadd die Schdiefmódder endlisch nòògebb ónn hadd gesaad: »Isch hann der dòò e Schéssel voll Lénse én die Äsche geworf. Wenn de die én dswei Schdónn erausgepiddeld haschd, kannschde meinedwee'e hingehn.«

Dò éss das Määdche dorsch die Hénnerdier én de Gaarde gelaaf ónn hadd geruuf: »Ihr liewe Deibscher, ihr Turdeldeibscher, all ihr Väschelscher ónnerm Himmel, kómmen ónn helfen mer, die Lénse aus de Äsche se holle –

die gudde éns Débbsche,

die schleschde éns Gräbbsche!«

Äns, dswei, drei waare dò die weise Deibscher ónn méd ne all die Väschel ónn Turdeldeibscher ónnerm Himmel geflòò kómm, fòòr die Lénse aus de Äsche se pigge. Es waar noch kää Schdónn vergang, dò waar alles ferdisch, ónn die Väschel sénn wédder fordgeflòò. Dò hadd das Määdsche die Schéssel méd de Lénse dabber seiner Schdiefmódder gebróng ónn hadd gemennd, dass es jedds óff die Hochdseid dirfd gehn. Awwer die hadd dirregd gesaad: »Nää, Aschepuddel, du haschd kää Glääder ónn kää Schuh, ónn auserdemm kannschde nédd danse, de gääbschd nuur ausgelachd.«

Dò hadds nochemòòl mésse greische, dass die Schdiefmódder schlieslisch gesaad hadd: »Wenn de mer dswei Schéssele méd Lénse aus de Äsche holle kannschd, ónn dswaar én ääner Schdónn, dann därfschde médgehn.« Ém Schdille hadd se sisch awwer gedenggd, dass das én ääner Schdónn nédd se mache wäär.

Wie se dann die dswei Schéssele voll Lénse én die Äsche geschudd hadd, éss das Määdsche nommò dabber dorsch die Hénnerdier én de Gaarde gelaaf ónn hadd wédder die Deibscher, Turdeldeibscher ónn all Väschelscher geruuf, dassem wédder solle helfe.

Ónn es hadd wédder gesaad:
   »Die gudde éns Débbsche,
   die schleschde éns Gräbbsche.«

Dòòdenòò sénn wédder die dswei weise Deibscher, die Turdeldeibscher ónn all Väschelscher kómm ónn hannem wédder geholf. Kaum waar e halwi Schdónn eróm, waare se ferdisch ónn sénn wédder fordgeflòò.

Dò éss das Määdsche dabber wédder méd seiner Schéssel dsu der Schdiefmódder gelaaf ónn hadd feschd deméd gereschend, dass es jedds óff die Hochdseid dirfd. Die hadd awwer gladd ónn sauwer gesaad: »Es helfd der alles niggs, de haschd kää Glääder ónn kää Schuh, ónn auserdemm kannschde nédd danse. Mer méssde uns méd dier nuur schääme.« Dann hadd se sisch äänfach erómgedrähd, hadd em de Bóggel gedseid ónn éss méd ihre dswei hochnääsije Däschder fordgang.

Dò waars Aschepuddel jedds gans allään dehemm ónn éss ans Graab vón seiner Módder gang ónn hadd gans laud geruuf:
   »Bäämsche, riddel disch ónn schiddel disch,
   werf Gold ónn Silwer iwwer misch!«

Dò hadd em e Vochel e goldnes ónn e silwernes Glääd erónnergeworf, ónn feine Schuh, die waare méd Gold ónn Silwer ausgeschdiggd. Gans schnell hadds dò alles angedsòò ónn éss óff das Feschd gang. Kää Mensch hadds dord kennd. Sei Schdiefmódder ónn sei Schdiefschweschdere hann gemennd, es wäär e fremdi Keenischsdochder, so scheen hadds ausgesiehn.

Dò éss de Brins kómm ónn hadd méddem gedansd, ónn es hadd em so gudd gefall, dass er émmer wédder méddem gedansd hadd.

Wie dann de Òòwend kómm éss, wollds wédder hemmgehn, ónn de Brins wollds hemmbrénge. Er wolld näämlisch siehn, wo das Brindsessje häär waar. Ääs éss awwer fordgelaaf ónn hadd sisch ém Dauweschlaach verschdeggeld. Dò hadd der Brins gewaard, bis de Vadder kómm éss. Demm hadder dann gesaad, dass ém Dauweschlaach sisch e Määdsche verschdeggeld hadd. Dò hadd der Ald gedenggd: ›Soll das womeeschlisch es Aschepuddel sénn?‹ ónn hadd méd der Agsd das Dauwehaus kabbudd geschlaa. Awwer es waar kääner drén.

Wie se dann éns Haus gang sénn, hann se es Aschepuddel méd seine dreggische Glääder én de Äsche leie gesiehn, ónn nuur e glään funslisch Lämpsche hadd gebrennd. Es Aschepuddel waar näämlisch schnell aus em Dauwehaus erausgeschbróng, éss an das Hasselbäämsche gelaaf, hadd sei Glääder ausgedsòò ónn hadd se óffs Graab geleed. Ónn der Vochel hadd alles weggeholl. Dann hadds schnell sei gròòer Kiddel angedsòò ónn sisch én der Kisch én die Äsche gehuggd.

Am annere Daach waar wédder e Feschd ém Schloss, ónn sei Eldere ónn sei Schdiefschweschdere sénn wédder hingang. Dò ésses Aschepuddel schnell wédder an sei Hasselbaam gang ónn hadd gesaad:

»Bäämsche, riddel disch ónn schiddel disch,

werf Gold ónn Silwer iwwer misch!«

Dò hadd der Vochel noch e schenneres Glääd erónnergeworf. Ónn wies óffs Feschd kómm éss, dò hadd sisch jeeder wédder verwónnerd, so scheen waars. Der Keenischssohn hadd schon óffs gewaard ónn hadd nuur méd ihm gedansd. All annere Dänser sénn abgewies wòòr.

Wie dann de Òòwend kómm éss, wolld der Brins es wédder hemmbrénge. Es éss awwer dabber fordgelaaf ónn éss én de

Gaarde hénners Haus ónn hadd sisch én eme Bierebaam verschdeggeld, ónn kääner hadds gefónn. Der Brins hadd wédder gewaard, béss de Vadder kómm éss, ónn hadd demm gesaad, dass das fremde Määdsche sisch aanscheins im Bierebaam verschdeggeld hadd. Dò hadd der Vadder wédder gedenggd, ob das nédd doch es Aschepuddel sénn kénnd, hadd die Agsd geholl ónn denne Bierebaam ómgemach. Awwer kääner waar dróff.

Wie se én die Kisch kómm sénn, dò hadd das Aschepuddel wédder én de Äsche gehuggd. Es waar näämlisch vón der anner Baamseid erónnergehubbsd, hadd demm Vochel am Hasselbäämsche die scheene Glääder gebróng ónn sei gròòer Kiddel aangedsòò.

Wie am drédde Daach die Eldere ónn Schdiefschweschdere wédder ford waare, éss es wédder an das Bäämsche gelaaf ónn hadd gesaad:

»Bäämsche, riddel disch ónn schiddel disch,

werf Gold ónn Silwer iwwer misch!«

Ónn der Vochel hadd e gans koschdbaares goldenes Glääd ónn goldene Schuh erónnergeworf. Wies méd demm Glääd óffs Feschd kómm éss, dò éss all Leid es Maul óffschdehn blieb, so scheen waars. De Keenischsohn hadd wédder nuur méd ihm gans allään gedansd.

Wie dann de Òòwend kómm éss, wolld es Aschepuddel wédder hemm, ónn de Brins hadd wélle médgehn. Awwer es éss em wédder so schnell abgehau, dasserm nédd nòòlaafe kónnd. Weils demm Keenischsohn awwer schon degger abgehau waar, hadder die Drebb méd babbischem Teer énschmeere geloss. Wie das Määdsche dò schnell dréwwergebróng éss, éss der linggse Schuh én demm Fubbes hängeblieb. De Brins hadd ne óffgehoob ónn gesiehn, dass er glään ónn dsierlisch ónn goldglänsisch waar.

De annere Mòòrje ésser bei denne Mann gang ónn hadd gesaad, dass nuur diejenisch sei Fraa gääb, däär wo der dò Schuh gääng passe. Dò hann sisch schon die dswei äldere Schweschdere gefreid, weil ihr Fiesjer so scheen waare. Das Äldschd éss bei sei Módder én die Kammer gang, fòòr de Schuh aansebrowwiere. Awwers kónnd méd der groos Dseeb nédd erénkómme. Dò hadd die Módder em e schaarfes Messer gebb ónn gesaad: »Schneid die Dseeb ab, wenn de Keenischin béschd, dann brauchschde soowiesoo némmeh se Fuus se laafe.« Das Määdsche hadd die Dseeb abgehau ónn hadd de Fuus én denne Schuh gedswängd, hadd sisch vòòr Schmerds óff die Dsóng gebéss ónn éss eraus dsu demm Brins gang. Der hadds als sei Braud óff sei Päärd gehuggd ónn éss méddem fordgeridd.

Wie se awwer am Graab vón der dood Módder verbei kómm sénn ónn aan denne dswei Deibscher, dò hann die óff äämòòl geruuf:
»Ruggerdigguu, ruggerdigguu,
Bluud éss ém Schuh,
der Schuh éss dsu glään,
die rischdisch Braud siddsd noch dehemm!«

Dò hadd de Brins óff denne Fuus geguggd ónn gesiehn, dass es Bluud erónnergelaaf éss. Dò hadd sei Päärd mésse kehrd mache, ónn er hadd die verkehrd Braud wédder hemmgebróng ónn gesaad, die anner Schweschder soll die Schuh aandsiehe.

Dò éss das Määde dann én die Kammer gang, fòòr die Schuh aansedsiehe. Méd der groos Dseeb éss es gudd erénkómm. Awwer die Ferschd waar se groos. Die Módder hadd e groos Messer geholl ónn gesaad, es soll sisch e Schdégg vón der Ferschd abschneide. Wenns Keenischin wäär, breischds jò némmeh se Fuus se laafe. Dò hadd sisch das Määde e Schdégg vón der Ferschd abgeschlaa ónn hadd schlimmi Pein gehadd, fòòr de Schuh aansedsiehe, ónn éss dann bei de Brins gang. Der hadds óff sei Päärd gehuggd ónn éss méddem fordgeridd.

Awwer wie se an demm Hasselbäämsche anne kómm sénn, dò hann die dswei Deibscher wédder geruuf:
»Ruggerdigguu, ruggerdigguu,
Bluud éss ém Schuh,

der Schuh éss dsu glään,
die rischdisch Braud siddsd noch dehemm!«

Dò hadd de Brins demm Määde óff de Fuus geguggd ónn hadd gesiehn, dass die weise Schdrémb gans bluudisch waare. Dò hadd sei Päärd nommò mésse kehrd mache ónn die verkehrd Braud mésse hemmbrénge. Ónn der Keenischssohn hadd gesaad: »Das dòò éss nédd die rischdisch Braud, hanner nédd noch e anner Dochder?«

»Nää«, hadd dò de Vadder gesaad, »nuur noch unser glään es, dreggisches Aschepuddel, die Dochder vón meiner erschd Fraa. Das éss noch dòò. Awwer das kann niemòòls die Braud sénn.«

De Brins awwer wolld unbedingd das Määdsche siehn. Die Módder hadd sisch méd Hänn ónn Fies gewehrd, weils so dreggisch wäär. Der Keenischsohn hadd sisch awwer nédd abbrénge geloss, ónn se hann mésse es Aschepuddel häärholle. Dò hadd sischs seerschd emòòl die Hänn ónn es Gesischd

33

gewäschd, éss vòòr de Keenischsohn ónn hadd sei Gniggs gemach. Jedds hadder demm Määdsche denne goldene Schuh gebb fòòr aansebrowwiere. Dò hadds sei Holsglómbe ausgedsòò ónn hadd denne goldene Schuh aangedsòò. Der hadd gepassd wie aangegoss. Wies sisch wédder graad hingeschdelld hadd, hadd der Brins em én die Aue geguggd, ónn er hadd wédder das scheene Määdsche gesiehn, méd demm wo er émmer gedansd gehadd hadd.

Dò ésses aus em eraus kómm: »Das éss mei rischdisch Braud!« Die Schdiefschweschdere ónn die Schiefmódder sénn verschrogg ónn sénn vòòr Offreeschung weis wòòr wie e Leinduuch. De Brins awwer hadds Aschepuddel óff sei Päärd gehuggd ónn éss méddem fordgeridd.

Wie se an demm Hasselbäämsche verbeikómm sénn, hann die Dauwe geruuf:

»Ruggerdigguu, ruggerdigguu,
kää Bluud éss ém Schuh,
de Schuh éss nédd dse glään,
die rischdisch Braud, die fiehrder hemm!«

Ónn wie se das geruuf gehadd hann, sénn die dswei Dauwe vóm Hasselbäämsche erónner geflòò ónn hann sisch em Aschepuddel óff die Schullere gehuggd, die ään reschds, die anner linggs. Ónn dòò sénn se hugge blieb.

Wie nòòd die Hochdseid méd demm Keenischssohn hadd solle gehall werre, dò sénn die dswei schlimme Schweschdere kómm ónn wollde de Scheene mache. Wie dann die Braudleid én die Kirsch gang sénn, éss die äldschd óff der reschds Seid ónn die jingschd óff der linggs Seid gang. Dò hann die Dauwe jeder das ääne Au ausgepiggd. Dòòdenòò, wie se wédder aus der Kirsch eraus kómm sénn, waar die äldschd óff der linggs Seid ónn die jingschd óff der reschds Seid. Dò hann die Dauwe jeder das anner Au aa noch ausgepiggd. Ónn soo sénn se fòòr ihr Booshääd ónn Falschhääd fòòr ihr Läbbdaach méd Bléndhääd geschlaa gewään.

Das blaue Lischd

Bei eme reische Keenisch hadd emòòl e Soldaad drei ónn reedlisch jòhrelang gediend. Wie de Griesch eróm waar ónn de Soldaad wee'e seine ville Verwundunge némmeh schdramm diene kónnd, dò hadd de Keenisch ne fordgeschéggd ónn gesaad: »De kannschd gehn, isch brauch disch némmeh, de gréschd aach kää Sold, bei mier werd nuur derjeenische bedsahld, der wo aach ebbes leischde duud.«

Dò hadd der aarme Soldaad nédd gewóschd, vón was er lääwe solld, ónn éss voll Sorje ónn ohne Dsiel én de Daach enén gang, bis er òòwens aan e Wald kómm éss. Ém Dónggle hadder óff äämòòl e Lischd gesiehn ónn éss dróff dsuugang. Er éss aan e Haus kómm, dò hadd e Heggs drén gewohnd. »Gebb mer e Naachdlaacher ónn ebbes se esse«, hadd dò de Soldaad gesaad, »sónschd kómm isch óm.«

»Oho«, hadd dò die Heggs gesaad, »wäär gebbd schon eme häärgelaafene Soldaad ebbes, dò kénnd mer jeeder kómme. Awwer isch wéll gnäädisch sénn ónn disch dòòbehalle, awwer nuur, wenn de machschd, was isch vón der verlange.«

»Was wéllschde dann vón mir?« hadd de Soldaad gefròòd.

»Ei, de móschd mer mòòrje de Gaarde graawe.«

Der Soldaad waar dòòdeméd énverschdann ónn hadd de annere Daach gegraabd wie e Wilder, awwer er éss nédd ferdisch wòòr. »Isch siehn, dass de nédd vòòraankómmschd ónn aach nédd ford kannschd«, hadd dò die Heggs gesaad. »De kannschd die Naachd iwwer noch dòòbleiwe, awwer dòòdefòòr móschde mer mòòrje e Haufe Hols schballe ónn Schliwwere mache.«

Der Soldaad hadd de ganse Daach geschaffd, ónn òòwens hadd em die Heggs de Vòòrschlach gemach, dass er noch e weideri Naachd kénnd dòòbleiwe. »De brauschd mer nuur noch e glääner Gefalle se duun. Hénner meim Haus éss e alder, verdróggelder Brónne. Én denne éss mer mei Lischd enéngefall, es brennd gans blau ónn gehd nédd aus. Das sollschde mer eróffholle.«

De annere Daach éss die Ald méddem an de Brónne gang ónn hadd ne méddem Korb enónnergeloss. Er hadd das blaue Lischd aach gefónn ónn hadd es Dseische gebb, dass se ne wédder eróffdsiehd. Dò hadd se ne eróffgedsòò, ónn wie er am Rand waar, wolld sem das Lischd abholle.

Dò hadd der Soldaad awwer gemergd, dass se e beesi Absischd gehadd hadd, ónn hadd gesaad: »Nää, nää, das Lischd genn isch der nur, wenn isch feschder Boddem ónner de Fies hann.«

Dò éss die Heggs so wiedisch wòòr, dass se ne én de Brónne falle geloss hadd ónn fordgang éss. Der aarm Soldaad éss awwer gefall, ohne sisch weh se duun óff demm weische Boddem vón demm Brónne, ónn das blaue Lischd hadd émmer noch gebrennd. Awwer was hadd em das alles geniddsd méddem sischere Dood vòòr Aue? Dò hadder e Dseidlang gans läädisch dò geséddsd, hadd én sei Sagg gegréff ónn hadd sei Peif gefónn, wo noch halb geschdobbd waar. ›Das soll mei leddschd Vergniesche sinn‹, hadder gedenggd ónn hadd se rausgeholl. Er hadd se an demm blaue Lischd aangemach ónn hadd aangefang se raache. Wie de Gwalm én demm Loch erómgedsòò éss, hadd óff äämòòl e gläänes, schwaardses Männje vòòrm geschdann ónn gefròòd: »Herr, was duuschd de mer befähle?«

»Was kann isch der schon befähle?« mennd dò de Soldaad gans verwónnerd.

»Isch móss alles mache, was de verlangschd«, hadd dò das Männje gesaad.

»Ei, gudd«, saad dò de Soldaad, »helf mer aus demm Brónne dò eraus!«

Das Männje hadd ne an der Hand geholl ónn dursch e ónnerirdischer Gang gefiehrd. Das blaue Lischd hadd der Soldaad awwer nédd vergess ónn hadds médgeholl. Das glään Männje hadd em ónnerwääschs gans vill koschdbaare Goldschädds gedseid, die wo die ald Heggs dord ónne verschdaud ónn verschdeggeld gehadd hadd, ónn der Soldaad durfd sisch so vill Goldschdéggelscher holle, wie er gepaggd hadd.

Wie er wédder owwe waar, hadder dsu demm glään Männje gesaad: »De móschd jedds gehn ónn die ald Heggs schnabbe ónn wee'e ihre Schanddaade vòòr Gerischd brénge.« Es hadd nédd lang gedauerd, dò éss se óff em wilde Kaader wie de Wind verbeigeridd kómm. Gleisch dróff waar das glääne Männje aach dòò. »Es éss alles verbei, die Heggs hängd am Galje«, hadds gesaad ónn gefròòd: »Herr, was duuschd de mer noch befähle?«

»Ei, én demm dò Auebligg brauch isch gaar niggs, kannschd hemmgehn. Awwer bleib bei der Hand, falls isch disch ruufe móss.«

»Das éss nédd needisch. Émmer wenn de der die Peif schdobbschd ónn méd demm blaue Lischd aanmachschd, bénn isch dser Schdell.« Dòòdróffhin éss es verschwónn.

Der Soldaad éss dann én die Schdadd gang, wo er häärkómm éss. Dord hadder sisch scheene Glääder mache geloss ónn éss én die beschd Werdschafd gang, wo dòò waar. Demm Werd hadder gesaad, er soll em e Dsémmer óffs komfordaabelschde énrischde. Wie alles nòò seim Wunsch gang waar ónn er én demm Dsémmer gewohnd hadd, hadder das Männje geruuf ónn gesaad: »Demm Keenisch dò hann isch ehrlisch ónn reedlisch gediend, awwer däär hadd misch fordgeschéggd ohne Geld ónn hadd misch faschd verhóngere geloss. Däär hadd se bei mier noch ém Sals leije.«

»Ei, was soll isch dann dò mache?« hadd das Männje gefròòd.

»Wenn die Keenischsdochder òòwens én ihrm Bedd leid ónn schlòòfd, bréngschde mer se dòòhäär, ónn dann móss se bei mier fòòr Bóddsfraa schaffe.«

»Das éss fòòr misch e Leischdischkääd«, hadd das Männje dò gesaad, »awwer fòòr disch gebbds eng, wenns erauskómmd.«

Es hadd graad dswälf Uhr geschlaa, dò éss die Dier óffgang ónn das Männje hadd die Keenischsdochder eréngedraa.

»Ei, das dò hadd jò geglabbd«, hadd de Soldaad gesaad, »holl der graad de Bääsem ónn mach die Schdubb sauwer, awwer e bissje dalli!«

Wie das Määdsche méd seiner Aarwed ferdisch waar, hadds mésse am Soldaad sei feiner Sessel kómme ónn haddem mésse die Schdiwwele ausdsiehe. Dò hadder em die Schdiwwele sogar aan de Kobb geworf ónn ääs hadd se mésse óffheewe. Es hadd se aach noch mésse bóddse ónn berschde. Das Määdsche hadd awwer alles gemach ohne Widderredd, schdómm wie e Fisch ónn méd halb dsuune Aue. Wie de Goggel es erschde Mòòl gegrähd hadd, dò hadd das Männje die Keenischsdochder wédder óffem Keenisch sei Schloss geschaffd ónn éns Bedd geleed.

De annere Mòòrje, wie die Keenischsdochder óffgeschdann éss, dò hadd se ihrm Vadder verdsähld, se hädd so koomisch gedräämd: »Isch bénn wie de Blidds dorsch die Schdròòse gedraa wòòr én eme Soldaad sei Dsémmer. Demm hann isch mésse die Bóddsfraa schbiele, hann mésse die Schdubb kehre ónn die Schdiwwele bóddse. Isch hann das alles dswaar nuur gedräämd, awwer isch bénn so mied, wie wenn isch alles werglisch gemach hädd.«

»De haschd vielleischd gar nédd gedräämd, es éss villeischd alles wòhr«, hadd dò de Vadder gesaad. »Isch wéll der e gudder Ròòd genn: Mach der die Tasche voll Erbse ónn mach der e glääanes Loch én jeedi Tasch. Wann de wédder abgeholl werschd, falle se eraus ónn hénnerlosse ihr Schbuur óff der Schdròòs.«

Wie de Keenisch soo méd demm Määdsche geschwäddsd hadd, hadd das glään Männje unsischdbar denääwe geschdann ónn hadd alles médgrédd. Naachds, wies wédder die Keenischsdochder dorsch die Schdròòse gedraa hadd, sénn die Erbse dswaar óff de Boddem gefall, awwer se kónnde kää Schbuur hénnerlosse, weil das glään Männje schon vòòrhäär én all Schdròòse Erbse geschdraud hadd. Die Keenischsdochder hadd awwer wédder mésse Bóddsfraueaarwed mache, bis de Goggel gegrähd hadd.

Der Keenisch hadd de annere Mòòrje sei Leid óff die Schdròòse geschéggd, dass se die Erbseschbuur sollde verfolsche. Awwer die Mieh waar ómsonschd. Iwwerall hann Kénner óff der Schdròòs Erbse óffgeraffd ónn hann gesaad: »Die Naachd hadds Erbse geräänd.«

»Isch móss mer ebbes anneres énfalle losse«, hadd dò de Keenisch gesaad. »Wenn de disch éns Bedd leeschd, behallschde äänfach die Schuh aan. Ónn wenn de én demm Soldaad sei Schdubb kómmschd, duuschde ääner verschdobbele. Ónn denne werre mer schon fénne.«

Das glään Männje hadd wédder gelauschderd ónn alles médgrédd. Wies dann wédder die Keenischsdochder naachds bei denne Soldaad brénge solld, hadds em abgeròòd vón seim Blaan, weil em gee'e demm Keenisch sei Blaan niggs éngefall éss. Es hadd gemennd, wenn der Schuh bei ihm gefónn gääb, gäängs em schleschd gehn.

»Mach, was isch disch heische«, hadd der Soldaad awwer gesaad, ónn die Keenischsdochder hadd die drédd Naachd mésse beim bóddse. Bevòòr se wédder hemmgedraa wòòr éss, hadd se dabber ääner Schuh ónnerm Bedd verschdobbeld. De annere Mòòrje hadd de Keenisch én der gans Schdadd nòò demm Schuh vón der Keenischsdochder suuche geloss. Beim Soldaad ésser dann schlieslisch ónn endlisch gefónn wòòr. Der Soldaad waar awwer óff Anròòde vón demm glääne Männje schon auserhalb der Schdadd gewään. Awwer die Soldaade vóm Keenisch hann ne schnell éngeholl ónn hann ne dirregd éns Kiddsche geworf. Wie er dord gesess hadd, éss es em gans heis iwwer de Bóggel gelaaf. Er hadd jò sei glläänes blaues Lischdsche én seiner Schdubb vergess ónn nuur noch ään Goldschdégg én seim Sagg gehadd.

Wie er sisch so méd seine schwääre Kedde ans Fénschder geschaffd gehadd hadd, dò éss graad e alder Grieschskammeraad ause am Kiddsche verbeigang. Dò hadder ans Fénschder gegglobbd, ónn däär éss aach daadsäschlisch näher-

39

kómm. »Gäängschde mer nédd e leddschder Gefalle duun? Bréng mer mei gläänes Ruggsäggelsche, das wo isch ém Werdshaus leie geloss hann. De gréschd aach e Goldschdéggelsche defòòr.«

Der Kameraad éss schnell hingang ónn hadd em alles gebróng. Wie der Soldaad wédder allään waar, hadder sei Peif aangeschdoch ónn hadd das glään Männje nommò kómme geloss.

»De brauchschd kää Angschd se hann«, hadds dò dsu seim Meischder gesaad, »geh nuur méd, wo se disch hinfiehre, vergess awwer das glääne blaue Lischd nédd!«

De annere Daach éss Gerischd gehall wòòr iwwer denne Soldaad. Ónn obwohl er jò niggs Schregglisches gedòòn hadd, hann die Rischder ne dsum Dood verurdäält. Wie se ne jedds enausgefiehrd hann, dò hadder de Keenisch óm e leddschd Gnaad aangeflehd. Was das fòòr e Gnaad wäär, hadd de Keenisch dò gefròòd. »Ei, dass isch óff meim leddschde Gang noch äämòòl e Peif derf raache.«

»Meinedwee'e kannschde drei Peife raache, awwer glaab nuur nédd, dass de am Lääwe bleiwe kannschd.«

Dò hadd der Soldaad sei Peif méd demm blaue Lischd aangemach, ónn kaum waar se aan, dò éss aach schon das Männje dòò. Es hadd e glääner Gnibbel én der Hand ónn saad: »Was duud mei Herr befähle?«

»Hau méddem Gnibbel óff die falsche Rischder ónn óff de Hengger. Vergess mer de Keenisch aach nédd, der wo misch so schoofel behanneld hadd.«

Dò éss das glään Männje wie e ge'eelder Blidds, dsagg, dsagg, méddem Gnibbel dedswischegang ónn hadd kääner iwwersiehn, so dass sisch kääner beschwääre kónnd.

De Keenisch awwer waar verschrogg ónn hadd demm Soldaad soogaar sei Dochder als Fraa verschbroch, wenner nuur denne Gnibbel gääng weglosse. Dòòdeméd waar der Soldaad dann énverschdann.

Es Rómbelschdilsje

Es waar emòòl e Miller, der waar beddelaarm, awwer er hadd e wónnerscheeni Dochder gehadd. Wie dorsch Dsufall hadder emòòl dirfe méddem Keenisch schwäddse. Dò wolld er de Scheene mache ónn hadd aangebb wie e Tuud voll Migge ónn hadd gesaad: »Isch hann dehemm e Dochder, die kann aus Schdroh puures Gold schbénne.«

Dò hadd der Keenisch die Ohre geschbiddsd ónn hadd gesaad: »Ei, das dòò éss jò ebbes, das heer isch gäär. Das éss jò e gans seldeni Kunschd. Wenn dei Dochder soo ebbes kann, dann bréng se eróff óff mei Schloss, dass isch se óff die Bròòb schdelle.«

De Miller hadd am annere Daach das Määdsche óffs Schloss braachd, ónn es éss dirregd én e Kammer gefiehrd wòòr, die waar méd Schdroh so vollgeschdobbd, dass kää Meisje meh enén gang wäär.

Dò hann se demm Määdsche e Schbénnraad gebb ónn e Haschbel ónn gesaad: »Jedds kannschde disch an die Aarwed mache, kannschd die Naachd dorsch schaffe. Ónn wenn de bis mòòrje frieh nédd all Schdroh dsu Gold geschbónn haschd, dann móschde schderwe.« Dann hann se die Kammerdier dsugeschborr ónn das Määdsche allään geloss.

Jedds hadd das aarme Ding gans allään dòò gehuggd ónn sisch beim beschde Wélle kää Ròòd meh gewissd, weils jò iwwerhaubd niggs vóm Schbénne verschdann hadd, ónn sei Angschd éss émmer greeser wòòr. Vòòr lauder Verdsweiflung hadds aangefang se heile.

Dò éss óff äämòòl die Dier óffgang, ónn e gläänes Männje éss erénkómm ónn hadd gesaad: »Genòòwend, Frollein Millerin, fòòr was heilschde dann so aarisch?«

»Ach«, hadd das Määdsche dò gesaad, »schdell der vòòr, isch soll das ganse Schdroh dò dsu Gold verschbénne, ónn isch kann das doch iwwerhaubd nédd.«

»Was grien isch, wenn ischs mache?« hadd das Männje gefròòd.

»Isch gääb der mei scheenes Halsbändsche«, hadds dser Andword genn.

Das Männje hadd das Halsbändsche geholl, hadd sisch ans Schbénnräädsche gehuggd ónn hadd dse schbénne aangefang. Schnurr, schnurr, schnurr, dreimòòl gedsòò, ónn die Schbuul waar voll. Dann hadds e neii Schbuul geholl, ónn schnurr, schnurr, schnurr, dreimòòl gedsòò, ónn die dswädd Schbuul waar aach wédder voll. So éss es weidergang bis an de näägschde Mòòrje. Dò hadd das Männje das ganse Schdroh verschbónn gehadd, ónn all Schbuule waare voll puurem Gold.

Kaum dass es hell wòòr éss, waar aach schon de Keenisch dòò. Ónn wie er das ganse Gold gesiehn hadd, dò hadd sei Herds gelachd, awwer dirregd ésser unverschäämd wòòr ónn hadd én seiner Habgier gleisch weidergedenggd. Er hadd die Millerschdochder én e anneri Kammer brénge geloss, die wo noch vill greeser waar ónn aach voll Schdroh. Ónn er hadd verlangd, das ganse Schdroh én ääner Naachd én puures Gold se verschbénne, wenn demm Määdsche sei Lääwe lieb wäär.

Das aarme Määdsche hadd sisch némmeh se helfe gewissd ónn hadd wédder bidderlisch geheild. Dò éss wédder die Dier óffgang, ónn das glään Männje éss wédder erénkómm ónn hadd gesaad: »Was gääbschde mer dann, wenn isch denne dò Haufe aach dsu Gold verschbénne?«

»De gräädschd mei scheener Fingerréng«, hadd dò das junge Ding dsur Andword gebb.

Dò hadd das Männje denne Réng geholl ónn hadd aangefang se schbénne. Bis dsem Mòòrje waar das ganse Schdroh dsu Gold verschbónn.

De Keenisch hadd sisch schregglisch iwwer das ville Gold gefreid, awwer es haddem noch émmer nédd gelangd. Er wolld noch meh hann. Er hadd die Millerschdochder én e noch greeseri Kammer fiehre geloss, die wo aach vollgeschdobbd waar méd Schdroh, ónn hadd gesaad: »Das dòò móschde én der dòò Naachd aach noch verschbénne. Ónn wenn de das geschaffd haschd, gehn mer heiraade.« Gans ém Schdille hadd der Keenisch bei sisch gedenggd: ›Es éss dswaar nuur e Millerschdochder, awwer ém ganse Lääwe fénn isch kää reischeri Fraa meh.‹

Wie das Määdsche nommò so gans allään dò gesess hadd, éss das Männje dsem drédde Mòòl kómm ónn hadd gesaad: »Was gebbschde mer, wenn isch der das dòò Schdroh aach noch verschbénne?«

»Isch hann jedds niggs meh, was isch der kénnd genn«, hadd dò das Määdsche gesaad.

»Ei, dann móschde mer verschbresche, wann de Keenischin werschd, dass de mer dei erschd Kénd gebbschd.« Dò hadd die Millerschdochder gedenggd: ›Wäär wääs, was aus mier werd, én meiner Nood wääs isch mer nédd annerschd se helfe, isch verschbresche demm Männje mei erschd Kénd!‹

Weils jò jedds gemach hadd, was das Männje vónnem verlangd hadd, hadd das em wédder das ganse Schdroh dsu Gold verschbónn.

Wie am annere Mòòrje de Keenisch wédder kómm éss ónn er all das ville Gold gesiehn hadd ónn alles so waar, wie er sischs gewinschd hadd, dò hadder méd demm Määdsche Hochdseid gefeierd, ónn aus der scheen Millerschdochder éss e scheen Keenischin wòòr.

Wie e Jòhr eróm waar, hadd die Keenischin e liewes Bobbelsche grédd, ónn se hadd iwwerhaubd némmeh an das gedenggd, was se demm glään Männje verschbroch gehadd hadd. Awwer gans unverhoffd éss das glään Männje én ihr Kammer kómm ónn hadd gesaad: »Isch kómme, fòòr mer dasjeenische abseholle, was de mer verschbroch haschd.«

Dò éss die Keenischin awwer dse Dood verschrogg ónn hadd demm Männje all Geld ónn Gold ónn das ganse Keenischreisch verschbroch, wenn se nuur ihr Kénd dirfd behalle.

Das Männje awwer hadd gesaad: »Nää, nää, ebbes Lewwennisches éss mer liewer als wie alles Geld ónn Gold vón der gans Weld.«

Dò hadd die Keenischin aangefang se jammere ónn se heile, bis dann das Männje schlieslisch doch Médlääd médder grédd hadd ónn gesaad hadd: »Drei Daach wéll isch der Dseid losse. Wann de bis dòòhin wääschd, wie isch heische, dann kannschde dei Kénd behalle.«

Dò hadd die Keenischin die gans Naachd iwwer Naame erómsimmelierd, die wo se so kennd hadd. Sie hadd soogaar e Gneschd iwwer Land gschéggd, der wo sisch iwwerall erkónnije solld, was es fòòr Name gebbd.

Wie dann de annere Daach das Männje kómm éss, dò hadd se all die Naame, wo se gewóschd hadd, óffgesaad. Sie hadd aangefang bei Kaschber, Melschjoor, Baldassaar ónn soo weider, awwer jeedes Mòòl hadd das Männje gesaad, dass es so nédd gääng heische.

Am dswädde Daach hadd se én der Nochberschafd gefròòd, wie die Leid so heische, ónn hadd demm Männje die unmeeschlischde Name genennd. Sie hadd soogaar gefròòd: »Heischd duu villeischd Ribbebiesd odder Hammelwaade odder Schnierbään?« Awwer jeedes Mòòl hadd das Männje gesaad, dass es so nédd gääng heische.

Am drédde Daach éss der Gneschd òòwens seréggkómm ónn hadd verdsähld: »Neije Name kónnd isch kään äänsischer fénne, awwer wie isch hénner me hohe Bersch én de Wald kómm bénn, dòò, wo sisch Fuggs ónn Haas Genaachd saan, hann isch e gläänes Heisje gesiehn. Ónn dòòdevòòr hadd e gläänes Feier gebrennd, ónn óm das Feier eróm éss e winsisches Männje óff äänem Bään erómgehubbsd ónn hadd gesong:

»Heid bagg isch, mòòrje brau isch,
iwwermòòrje holl isch der Keenischin ihr Kénd.
Ach, wie gudd, dass kääner wääs,
dass isch Rómbelschdilsje heisch!«

Dò kann mer sisch rischdisch vòòrschdelle, wie die Keenischin sisch dòò gefreid hadd. Ónn es hadd nédd lang gedauerd, dò éss das Männje wédder erénkómm ónn hadd dirregd gefròòd: »Na, Fraa Keennischin, wie heisch isch jeddsde?«

Dò hadd se seerschd gans scheinheilisch gefròòd: »Heischde Kuns?«

»Nää.«

»Heischd duu Heins?«

»Nää!«

»Heischd duu villeischd Rómbelschdilsje?«

»Das hadd der de Deiwel gesaad, das hadd der de Deiwel gesaad!« Ónn vòòr lauder Wuud hadds méddem reschdse Fuus soo feschd óff de Boddem gedrääd, dass es bis an de Bauch drén schdegge blieb éss. Dò éss die Raasch erschd rischdisch iwwers kómm, ónn es hadd méd de dswei Hänn de linggse Fuus gegréff ónn hadd sisch én der Lufd ausennanner gerobbd.

Es Roodkäbbsche

Es waar emòòl e gläänes, druddschelisches Määdsche, das wo jeeder hadd mésse gäär hann. Am allerliebschde awwer waars seiner Groosmódder, die hadd gar nédd gewissd, was se alles demm Kénd dehäär solld mache. Äämòòl hadd se demm Glään e Käbbsche aus roodem Samd geschenggd, ónn weil em das so gudd geschdann hadd ónn weils das Käbbsche némmeh ausgedsòò hadd, hann all Leid nuur noch Roodkäbbsche iwwers geruuf.

Äänes Daachs hadd sei Módder dsuum gesaad: »Kómm, Roodkäbbsche, dòò haschde e Schdégg Kuuche ónn e gudd Flasch Wein. Bréng das der Groosmódder enaus. Ihr éss es nédd so gudd, se éss grangg ónn schwach, ónn ihr werre die Sache gudd duun. Am beschde, de gehschd jedds gleisch, sónschd werds heis. Ónn wenn de gehschd, sei scheen braav ónn geh mer nédd vóm Wääsch ab, sónschd fallschde én de Graawe ónn machschd noch Scherwele, ónn die Groosmódder hadd niggs. Wann de dann dord bischd, vergess nédd, e gudder Mòòrje ónn e scheener Gruus se saan, ónn schnaus nédd én alle Egge eróm!«

»Isch werre schon alles rischdisch mache«, hadds Roodkäbbsche dsu seiner Módder gesaad ónn haddser én die Hand verschbroch.

Die Groosmódder hadd awwer weider weg ém Wald gewohnd, ungefähr e halwi Schdónn vóm Dorf weg. Wie das Roodkäbbsche dòò én de Wald kómm éss, éss em de Wolf iwwer de Wääsch gelaaf. Es Roodkäbbsche hadd awwer nédd gewóschd, was das fòòr e schlémmes Vieh waar, ónn hadd sisch iwwerhaubd nédd vòòrm gefärschd.

»Gendach, Roodkäbbsche«, hadd dòò de Wolf gesaad.

»Gendach, Wolf«, hadds Roodkäbbsche dser Andword gebb.

»Ei, wo gehschde dann schon én aller Herrgoddsfrieh hin?« hadd de Wolf gefròòd.

»Ei, bei mei Groosmódder«, hadd dòò es Roodkäbbsche gesaad.

Dò hadd de Wolf gefròòd: »Ei, was draaschde dann dò ónner deim Scherdsje?«

»Kuuche ónn Wein. Geschder hadd mei Módder gebaggd, ónn dò soll isch meiner grangg Groosmódder die Sache brénge, dass se wédder óff die Bään soll kómme.«

»Ei, Roodkäbbsche, wo wohnd dann dei Groosmódder?« hadd dòò de Wolf es Roodkäbbsche weider ausgefròòd.

»Wääschde, noch so ungefähr e Verdelschdónn weider ém Wald ónner denne drei digge Eischbääm, dò schdehd ihr Heisje. Dord sénn aach noch gans vill Hasselhegge, das werschde doch wisse«, hadd dòò es Roodkäbbsche demm Wolf genau Beschääd gesaad.

Däär hadd sisch scheinheilisch bedanggd ónn bei sisch iwwerleed: »Das éss e junges, dsaardes Déng. Das éss fòòr misch e herrlisches Fresse. Das schmeggd noch besser wie die Ald. Isch móss misch nuur schlau aanschdelle, dann kann isch se alle dswei schnabbe.«

Dann ésser e Dseidlang nääwem Roodkäbbsche häärgang, ónn dann hadd ers hénnerlischdisch abgelenggd ónn gesaad: »Roodkäbbsche, gugg emòòl die scheene Bluume, wo dòò iwwerall erómschdehn. Fòòr was guggschde der die nédd aan? Isch glaab, de heerschd aach nédd die Väschel peife. De gehschd äänfach dorsch denne scheene Wald, wie wenn de én die Schuul gäängschd gehn, ónn dòòdebei ésses doch dò draus so wónnerscheen!«

Dòòdróffhin hadds Roodkäbbsche sisch emòòl erómgeguggd ónn hadd gesiehn, wie die Sónn dursch die Bääm geschien hadd ónn wie iwwerall scheene Bluume geschdann hann, ónn dò éss em die Iddee kómm: »Ei, wenn isch der Groosmódder e scheener, bunder Bluumeschdraus médbrénge, dò gääng se sisch gans sischer driwwer freie. Es éss jò noch frieh am Daach, ónn isch werre schon noch beidseide hinkómme.«

Dò ésses vóm Wääsch abgang, éss én de Wald gelaaf ónn hadd dord Bluume gebroch. Dò hann so vill Bluume geschdann, dass es émmer gemennd hadd, die nääg̈schd Bluum wäär noch schänner, es éss eriwwer ónn eniwwer gelaaf ónn éss diefer ónn diefer én de Wald geròòd.

Der Wolf awwer éss schnurschdraggs an das Haus vón der Groosmódder gelaaf ónn hadd dord an die Dier geglobbd.

»Wäär éss draus an der Dier?« hadd dòò die Groosmódder gefròòd.

»Ei, isch bénns, es Roodkäbbsche, isch brénge eisch Kuuche ónn Wein, geh, mach mer die Dier óff!« hadd dò de Wolf gesaad.

Weil die Groosmódder awwer aarisch grangg waar ónn dse schwach fòòr óffseschdehn, hadd se geruuf: »De brauchschd nuur óff die Glingg se drégge, isch kann nédd óffschdehn, isch bénn dsu grangg.«

De Wolf hadd die Dierglingg erónnergedréggd, dò éss die Dier óffgeschbróng, ónn er éss dirregd ans Bedd vón der Groosmódder gang ónn hadd se verschluggd. Dann hadder sisch däär ihr Glääder aangedsòò, hadd sisch ihr Schlòòfkabb óffgeseddsd, hadd sisch én ihr Bedd geleed ónn de Vòòrhang dsugedsòò.

Én däär Dseid hadd es Roodkäbbsche e grooser Bluumeschdraus gebroch gehadd ónn hadd gedenggd, dass es jedds genuch hädd. Die Groosmódder éss em wédder éngefall, ónn es hadd sisch wédder óff de Wääsch gemach.

Wies hinkómm éss, hadd sischs gewónnerd, dass die Hausdier óffgeschdann hadd, ónn wies én die Schdubb kómm éss, éss em alles e bissje koomisch vòòrkómm, ónn es hadd sisch gedenggd: ›Ach, du Schregg, fòòr was éss mers nuur so unhäämlisch? Isch bénn doch sónschd so gääre bei der Groosmódder.‹ Dò hadds äänfach emòòl geruuf: »Gemòòrje, Groosmódder!« Es hadd awwer kää Andword grédd. Dòòdróffhin éss es emòòl ans Bedd gang ónn hadd de Vòòrhang dserégg gedsòò. Ónn dòò hadd die Groosmódder ém Bedd gelää, hadd die Schlòòfkabb gans dief éns Gesischd gedsòò gehadd ónn hadd so annerschd ausgesiehn.

»Ei, Groosmódder, was haschde dann fòòr groose Ohre?«

»Dass isch disch besser heere kann.«

»Ei, Groosmódder, was haschde dann fòòr groose Aue?«

»Dass isch disch besser siehn kann.«

»Ei, Groosmódder, was haschde dann fòòr groose Hänn?«

»Dass isch disch besser greife kann.«

»Ei, Groosmódder, was haschde dann fòòr e schregglisch grooser Mund?«

»Dass isch disch besser fresse kann!«

Kaum dass de Wolf das leddschde Word gesaad hadd, ésser méd äänem Sadds aus em Bedd geschbróng ónn hadd das aarm Roodkäbbsche aach noch óffgefress. Wie der Wolf sei Heishunger geschdilld gehadd hadd, hadder sisch nommò éns Bedd geleed ónn éss éngeschlòòf ónn hadd furschdbaar aangefang se schnaargse.

Dò éss de Jääscher am Haus verbei kómm ónn hadd gedenggd: ›Wie éss es nuur meeschlisch, dass die ald Fraa so laud schnaargsd? Dò móss isch emòòl gugge gehn, was dòò loss éss. Villeischd fehld erer ebbes.‹ Er éss én die Schdubb enéngang, ónn wie er ans Bedd kómm éss, dò sidd er jò, dass de Wolf drén leid.

»Ei, hann isch disch endlisch gefónn, du alder Daachdieb, isch hann disch lang genuch gesuuchd!«

Graad wolld er de Wolf doodschiese, dò éss em éngefall, dass däär beschdémmd die Groosmódder gefress hadd ónn dass die villeischd noch se redde wäär. Dòòdefòòr hadder nédd geschoss, awwer er hadd e Schäär geholl ónn hadd demm Wolf, währenddemm wo däär geschlòòf hadd, de Bauch óffgeschnied.

Kaum hadder e paar Schnidde gemach, dò hadder schon ebbes Roodes bliddse gesiehn, ónn noch e paar Schnidde weider, dò ésses Roodkäbbsche erausgeschbróng ónn hadd geruuf: »Ach, wie waar isch verschrogg, es waar jò furschdbaar dónggel im Wolf seim Bauch!«

Ónn dann éss aach noch die ald Groosmódder erausgegrawweld kómm. Se waar figgs ónn ferdisch ónn kónnd kaum noch jabbse.

Es Roodkäbbsche éss dabber gelaaf ónn hadd schwääre Schdään gebróng. Die hann se demm Wolf én de Bauch geschdobbd ónn hann ne wédder dsuugenähd. Wie er wach wòòr éss, wolld er schnell abhaue. Awwer die Schdään waare so schwäär, dass er sesammegesaggd éss ónn dood erómgefall éss.

Dò hann die drei sisch awwer rischdisch gefreid. De Jääscher hadd em Wolf es Fell abgedsòò ónn éss gans schdols hemmgang. Die Groosmódder hadd de Kuuche gess ónn de Wein gedróngg, denne wo es Roodkäbbsche médgebróng hadd, ónn es éss erer gesiehner Aue besser wòòr.

Es Roodkäbbsche awwer hadd gedenggd: ›Én meim Himmellääwe laaf isch némmeh vóm Wääsch ab én de Wald erén, wenn mei Módder mer das verbodd hadd.‹

Die Schderndaaler

Es waar emòòl e gläänes Määdsche, demm wo sei Vadder ónn sei Módder geschdorb waare. Es waar soo aarm, dass es kää Kämmersche gehadd hadd, fòòr drén se wohne, ónn kää Beddsche, fòòr drén se schlòòfe. Es hadd nuur noch sei Glääder am Leib gehadd ónn e Schdéggsche Brood, das wo em jemand geschenggd gehadd hadd, weil es ne gedauerd hadd. Das Määdsche waar awwer aanschdännisch ónn frómm.

Weils soo vón aller Weld verloss waar, éss es voll Goddverdraue ford iwwer Land gewannerd. Dò éss em e alder Mann endgääe kómm. Däär hadd gesaad: »Määdsche, haschde nédd ebbes Gläänes se esse fòòr misch? Isch hann schon so lang niggs meh gess.«

Dò hadds em das gans Schdégg Brood gebb, wo es gehadd hadd, ónn hadd dsu demm Mann noch gesaad: »Unser Herrgodd soll der helfe!« Ónn dann éss es weidergang.

Dò éss e Kénd kómm ónn hadd so gejammerd ónn gesaad: »Isch hann so kalde Ohre, schengg mer doch ebbes, was isch aandsiehe kann.«

Dò hadd das Määdsche sei Käbbsche geholl ónn hadds em gebb.

Wies dòòdenòò noch e Dseidlang gang éss, dò éss wédder e Kénd kómm ónn hadd kää Jäggsche aangehadd ónn waar gans verfròòr. Demm hadds dann seins gebb.

Es hadd nédd lang gedauerd, dò éss e Kénd kómm, das wo kää Räggsche aangehadd hadd. Dò hadds dann aa noch sei Räggsche häärgebb.

Dòòdenòò éss es én de Wald kómm, ónn es éss aach schon dónggel wòòr. Dò éss wédder e Kénd kómm, das wo jedds kää Hemdsche aangehadd hadd. Es hadd schlieslisch aach noch sei Hemdsche häärgebb, weils gedenggd hadd: ›Es éss jò dónggel, ónn mer kann misch nédd siehn.‹

Dò hadds dann geschdann ónn hadd iwwerhaubd niggs meh am Leib gehadd, weils alles häärgenn hadd.

Awwer óff äämòòl sénn die Schdernscher vóm Himmel erónnergefall, ónn das waare lauder Daaler aus puurem Gold.

Ónn es Scheenschde waar, obwohl es sei leddschd Hemd häärgenn hadd, hadds óff äämòòl e neies, gans feines seidisches Hemd aangehadd, ónn das hadds óffgehall ónn all die Goldschdéggelscher gesammeld, die wo vóm Himmel gefall sénn. Ónn es waar reisch fòòr sei ganses Lääwe lang.

Es Dornreesje

Vòòr langer, langer Dseid, dò waare emòòl e Keenisch ónn e Keenischin. Die hann kää Kénner gehadd, ónn jeede Daach hann se gesaad: »Ach, wammer doch nuur e Kénd hädde!« Awwer se hann känns grédd.

Äänes Daachs éss emòòl die Keenischin dsem Baade an de Weiher gang. Dò éss óff äämòòl e Frosch aus em Wasser gegrawweld kómm ónn hadd sisch an de Rand gehuggd ónn hadd dsu er gesaad: »Dei Wunsch soll én Erfillung gehn. Eh dass es Jòhr eróm éss, werschde e Dochder grien.«

Wies de Frosch vòòrhäärgesaad hadd, ésses aach passierd, ónn die Keenischin hadd e Määdsche grédd. Das waar so scheen, wie kää anner Kénd óff der gans Weld waar. De Keenisch waar soo schdols, dass er e grooses Feschd veraan-schdalde geloss hadd. Er hadd dòòdedsu nédd nuur sei fein Verwandschafd, sei Freindschafd ónn sei Bekannde éngelaad, nää, aach noch die weise Fraue én seim Land hadd er éngelaad, dass se demm Kénd jòò nuur alles Gudde fòòr sei Dsukunfd sollde winsche.

Én seim Reisch hadds dreidseh weise Fraue gebb. De Keenisch hadd awwer nuur dswälf goldene Teller gehadd, vón denne se esse sollde. Demnòò éss ään äänfach nédd éngelaad wòòr, ónn se hadd mésse dehemmbleiwe.

Das Feschd éss méd allem Pohhei gefeierd wòòr, ónn es hadd an niggs gefähld. Am Schluss hann die weise Fraue das Kéndsche noch méd ihre Dsauwerschbrisch beschenggd. Die ään hadd fòòr Tuuchend gesorschd, die anner hadds méd Scheenhääd beschenggd, die drédd méd Reischdum ónn méd allem, was es óff der Weld so Scheenes gebbd.

Wie elf vón denne Fraue ihr Schbrisch schon gesaad gehadd hann, éss óff äämòòl die dreidsehnd erénkómm. Die wolld sisch rewwangschiere, weil se nédd éngelaad wòòr waar. Ohne Gruus ónn ohne Riggsischd óff die annere Gäschd hadd se gans laud geruuf: »Die Keenischsdochder soll sisch én ihrem fuffdsehnde Lääwensjòhr beim Schbénne an der Schbéndel schdesche ónn dood erómfalle!« Ónn ohne e weideres Word se verliere, hadd se sisch erómgedrähd ónn fordgemach.

Dò hädd mer kénne e Schdeggnòòdel falle heere, so schdill waars óff äämòòl ém Saal. All Leid waare dse Dood verschrogg. Awwer die dswälfd vón denne weise Fraue waar jò noch dòò méd ihrem Wunsch. Das beese Word vón der dreidsehnd Frau kónnd se werglisch némmeh abwenne, awwer e bissje abmildere. Dò hadd se gesaad: »Das Kéndsche soll nédd schderwe, awwer es soll én e Schlòòf verfalle, der wo hónnerd Jòhr dauerd.«

Wie der Keenisch das geheerd hadd, der wo jò sei Kénd iwwer alles gäär gehadd hadd ónn vòòr allem Ungligg wolld bewahre, dò hadder befòhl, dass all Schbéndele im ganse Keenischreisch éns Feier geworf ónn verbrennd werre mésse.

An demm Määdsche awwer sénn all die gudde Winsch vón denne weise Fraue én Erfillung gang. Es waar scheen, braav, freindlisch ónn verschdännisch, ónn jeeder, woom begäänd éss, hadds éns Herds geschloss.

Die Dseid éss vergang, ónn das Määdsche éss fuffdseh Jòhr ald wòòr. An demselwe Daach awwer waare de Keenisch ónn die Keenischin wie dorsch Dsuufall nédd em Schloss, ónn das Määdsche waar allään gebliéb. Dò éss em éngefall, dass es jò emòòl dorsch all Dsémmere ónn Kammere kénnd gehn ónn sisch e bissje ómgugge. Dò éss es schlieslisch aach an e gans alder Turm kómm. Én demm Turm waar e Wendeldrebb, ónn die éss es enóffgang. Owwe éss es an e glääni Dier kómm. Ém Schloss hadd e roschdischer Schléssel geschdoch, denne hadds erómgedrähd, dò éss die Dier óffgeschbróng. Dò hadds én eme glääne Schdibbsche geschdann, wo e aldi Fraa drén gesess hadd ónn am Flaggsschbénne waar, ónn én der Hand hadd se e Schbéndel gehadd.

»Gendach, aldes Méddersche, was machener dann dòò?« hadd die Keenischsdochder gefròòd.

»Ei, isch schbénne«, hadd die Ald gesaad.

»Ei, was éss dann das dòò fòòr e Ding, das wo dò so koomisch erómschbréngd?« hadd das Määdsche dann gefròòd ónn hadd nòò der Schbéndel gegréff ónn wolld aach schbénne. Wies awwer aan die Schbéndel draan kómm éss, dò éss der schregglische Fluuch én Erfillung gang, ónn es hadd sisch méd demm Ding én de Finger geschdoch. Ém selwe Mommend awwer, wies de Schdisch aachd gedòòn hadd, éss es óff das Bedd hingefall, wo dord geschdann hadd, ónn éss feschd éngeschlòòf.

Der Schlòòf awwer hadd sisch iwwers ganse Schloss geleed. De Keenisch ónn die Keenischin, die wo graad hemmkómm ónn én de Saal kómm waare, sénn éngeschlòòf ónn méd ihne de gesamde Hoofschdaad. Aach die Päär ém Schdall, die Hónn ém Hòòf, die Dauwe óff em Dach, die Migge an der Wand hann geschlòòf. Selbschd es Feier em Herd hadd óffgeheerd se brenne, de Bròòde én der Pann hadd óffgeheerd se bruddschele, ónn de Koch, der wo graad de Kischebuub an de Hòòr wolld dsiehe, weil däär ebbes aangeschdelld gehadd hadd, hadd ne laafe geloss ónn éss éngeschlòòf.

De Wind hadd óffgeheerd se wehe, ónn aan de Bääm vóm Schloss hadd sisch kää Bläddsche meh beweeschd. Óms Schloss eróm éss e Dòòrehegg gewaggsd, ónn die éss jeed Jòhr e Schdégg heher wòòr, bis mer vóm Schloss iwwerhaubd niggs meh gesiehn hadd. Selbschd die Fahne óff em Dach waare némmeh se siehn. Schlieslisch éss das Geschbrääsch vón demm schlòòfende Dornreesje óffkómm, so éss jedds die Keenischsdochder genennd wòòr.

Vón Dseid dsu Dseid sénn aach émmer wédder Brinse ónn Groonbrinse kómm, die wo sisch dorsch die Hegge én das Schloss wollde schaffe. Es waar ne awwer unmeeschlisch, dorsch die dischde Dòòre se kómme. Es waar, wie wenn die Hegg Glaue ónn Dsänn gehadd hädd ónn se feschdhalle gääng. Die Keenischssehn sénn drén hängeblieb ónn hann sisch némmeh kénne loosmache ónn sénn eelennisch drén ómkómm.

Nòò langer, langer Dseid éss emòòl wédder e Keenischssohn éns Land kómm ónn hadd geheerd, wie e alder Mann vón der Dòòrehegg óm das Schloss verdsehld hadd, ónn dass dòòdrén e wónnerscheeni Keenischsdochder, es Dornreesje, seid hónnerd

Jòhr gääng schlòòfe ónn méd ihr de Keenisch, die Keenischin ónn de ganse Hoofschdaad. Sei eischener Groosvadder hädd em aach verdsehld, dass schon gans vill Keenischssehn browwierd hädde, fòòr dorsch die Dòòrehegg se kómme, awwer se wääre all én der Hegg hängeblieb ónn hädde e draurischer Dood gehadd.

Dò saad däär Keenischssohn: »Isch hann kää Angschd, isch wélls versuuche ónn das scheene Dornreesje siehn.« Der alde Mann wolld unbedingd denne Brins vón seim Blaan abbrénge, awwer däär hadd niggs óff denne Ald gebb ónn hadd sisch an die Aarwed gemach.

Es waar awwer soo, dass graad die hónnerd Jòhr eróm waare ónn der Daach kómm waar, wo die Keenischsdochder wédder wach solld werre. Wie der Brins nuur én die Näh vón der Dòòrehegg kómm éss, waares óff äämòòl lauder scheene, groose Bluume, die wo sisch wie vón selbschd ausennannergedòòn hann, ónn se hann ne unversehrd dorschgeloss. Hénner demm Brins hann se sisch wédder sesammegedòòn.

Ém Schlosshoof hadder dann gesiehn, wie die Päär ónn die scheggische Jachdhónn dò gelää ónn geschlòòf hann. Óff em Dach hann die Dauwe gesess ónn hann die Käbbscher ónner de Fliddsche gehadd. Wie er dann éns Schloss kómm éss, dò hann die Migge an der Wand geschlòòf, de Koch én der Kisch hadd noch die Hand gehall, wie wenner em Kischebuub ään hénner die Ohre wolld genn, die Maad hadd noch das schwaards Hinggel vòòr sisch gehadd, weils gerobbd solld werre. Wie de Brins weider gang éss, kómmd er an de Saal. Dò hadder gesiehn, wie der ganse Hoofschdaad dòò gelää ónn geschlòòf hadd. Selbschd de Keenisch ónn sei Fraa hann owwe vòòrm Droon gelää ónn hann geschlòòf.

Wie er dann so weidergang éss ónn alles so muggsmeisjeschdill waar, ésser endlisch an denne Turm kómm, hadd die Dier dsu demm glääne Schdibbsche óffgemach ónn éss enéngang. Dò hadder dann das Dornreesje gesiehn, wies geschlòòf hadd. Ónn es waar soo scheen, dass er es hadd émmer mésse aangugge, ónn er hadd sisch gebiggd ónn hadd em e Kuss genn.

Dò hadd óff äämòòl das Brindsessje die Aue óffgemach ónn hadd ne aangelachd. Es éss óffgeschdann, ónn die dswei sénn enónnergang, ónn der Keenisch ónn die Keenischin ónn der ganse Hoofschdaad sénn wach wòòr ónn hann sisch méd groose Aue aangeguggd.

Aach die Päär ém Hoof sénn óffgeschdann ónn hann sisch geschiddeld, die Jachdhónn sénn óffgeschbróng ónn hann geschwänseld, die Dauwe óffem Dach hann die Käbbscher ónner ihre Fliddsche erausgedsòò, hann sisch erómgeguggd ónn sénn óffs Feld geflòò. Die Migge an der Wand sénn weider gegrawweld, es Feier én der Kisch hadd wédder aangefang se brenne, de Bròòde én der Pann hadd wédder aangefang se bruddschele, ónn de Koch én der Kisch hadd demm Bub ään gegnalld, dass er laud geschreid hadd, ónn die Maad hadd das schwaards Hinggel ferdisch gerobbd.

Wie jedds alles wédder mónder ónn frehlisch waar, éss die Hochdseid vóm Brins ónn em Dornreesje méd grooser Brachd gefeierd wòòr.

Die dswei Keenischskénner awwer hann froh ónn sefriede gelääbd bis an ihr seelisches Enn.

Die Frau Holle

Es waar emòòl e Widfraa gewään, die hadd dswei Däschder gehadd. Die ään waar scheen ónn fleisisch, die anner waar schròò ónn faul, awwer das waar ihr Liebkénd, weil se ihr leiblisch Dochder waar. Die anner hadd mésse die gans Aarwed schaffe ónn waars Aschepuddel ém Haus.

Das aarme Määdsche hadd sisch doch daadsäschlisch an die brääd Schdròòs nääwe de Brónne hugge mésse ónn hadd mésse so vill schbénne, dass em es Bluud vón de Féngere gelaaf éss. Äänes scheene Daachs waar die Schbuul vón demm ville Bluud gans rood. Dò hadd sisch das Määdche iwwer de Brónnerand gelehnd ónn wolld se abwäsche, ónn dòòdebei éss die Schbuul em aus der Hand geruddschd ónn éss én de Brónne gefall. Ach, grooser Godd, hadds dò geheild! Ónn es éss bei sei Schdiefmódder gelaaf ónn hadd erer die Sach méd der Schbuul verdsehld.

Die Schdiefmódder hadd awwer gans schregglisch gedoobd ónn gescholl ónn waar ohne Erbaarme ónn hadd gesaad: »Du haschd die Schbuul erónnerfalle geloss, du móschd se aach wédder eróffholle!«

Das aarme Määdsche éss wédder an de Brónne dserégg gang ónn hadd nédd gewóschd, was es soll aanfange. Vòòr lauder Verdsweiflung ónn Herdsensnood éss es én de Brónne geschbróng, fòòr die Schbuul erausseholle. Dò hadds die Besinnung verlòòr.

Wies wédder dsuu sisch kómm éss, waars ófferer scheen Wies, wo die Sónn geschien hadd ónn dausende Bluume geschdann hann. Óff der Wies éss es weidergang ónn éss aan e Baggoowe kómm. Der waar voll Brood ónn das Brood hadd geruuf: »Ach, dsieh misch raus, dsieh misch raus, sónschd verbrenn isch. Isch bénn schon längschdens ferdisch gebaggd!« Dò éss es hingang ónn hadd méddem Broodschiewer die ganse Broode nòònanner erausgeholl. Dann éss es weidergang.

Dò éss es an e Baam kómm, der hadd voll Äbbel gehängd. Die hann em dsuugeruuf: »Ach, schiddel misch, ach, schiddel misch, mier Äbbel sénn allegaar reif!« Dò hadd das Määdsche denne Baam geriddeld ónn geschiddeld, dass es nuur so Äbbel geräänd hadd, ónn kääner éss meh owwe blieb. Ónn wies méd demm Schiddele ferdisch waar, hadds die ganse Äbbel óff ääner Haufe sesammegedraa ónn éss weidergang.

Dsum Schluss éss es an e glääjes Haus kómm, wo e aldi Fraa aus em Fénschder erausgeguggd hadd. Ónn weil die so groose Dsänn gehadd hadd, hadds Angschd grédd ónn wolld fordlaafe.

Die ald Fraa hadd em awwer nòògeruuf: »Ei, fòòr was ferschde disch dann vòòr mier, mei lieb Kénd? Bleib doch bei mer!«

Dò ésses schdehnblieb ónn hadd der ald Fraa weider dsuugeheerd.

»De kannschd bei mer bleiwe, ónn wenn de die Hausaarwed ordlisch machschd, dann solls der aan niggs fähle. Es soll der bei mier gudd gehn. De móschd nuur óffpasse, dass de mei Bedd rischdisch machschd ónn es ordlisch ausschiddelschd, dass die Feddere nuur so flie'e, weil dann bei eisch dehemm Schnee falld. Isch bénn nämlisch die Frau Holle.«

Wie dann die Ald so méddem geschwäddsd hadd, hadd das Määdsche sisch Muud gemach, hadd dsuugesaad ónn éss an sei Aarwed gang.

Die Ald waar méd demm Määdsche seiner Aarwed sefriede, weils ihr Bedd émmer grindlisch geschiddeld hadd, dass die Feddere wie lauder Schneeflogge dòò erómgeflòò sénn. Dòòdefòòr hadds aach e gudd Lääwe bei der ald Fraa gehadd, kää beeses Word éss gefall, ónn jeede Daach hadds guddes, feines Esse gebb.

Wies so e Dseidlang bei der Frau Holle waar, dò éss es gans läädisch wòòr ónn hadd selwer nédd gewóschd, was em fähld. Schlieslisch hadds gemergd, dass es Hemmweh gehadd hadd. Ónn obwohls em hie jò vill, vill besser gang éss wie bei seiner Schdiefmódder, hadds doch gehäämerd. Nòò langem Hin ónn Häär hadds sisch dann endlisch gedraud ónn hadd dsu der Frau Holle gesaad: »Ach, isch halle es némmeh aus vòòr lauder Hemmweh. Mier fähld bei dier dòòjónne jò iwwerhaubd niggs, mier gehds aach besser wie jee dsuvòòr, awwer isch wéll doch enóff bei mei Leid.«

Dò hadd die Frau Holle gesaad: »Eischendlisch gefallds mer, dass de wédder hemm wéllschd. Ónn weil de mer so vill ónn fleisisch geholf haschd, wéll isch disch selwer enóffbrénge.« Se hadds dòòdróffhin an der Hand geholl ónn hadds vòòr e grooses Door gefiehrd.

Das Door éss óff äämòòl óffgang, ónn wie das Määdsche drónner geschdann hadd, sénn jò werglisch Räändrobbe aus puurem Gold erónnergefall, ónn das Gold éss aan em hänge blieb, ónn es waar vón owwe bis ónne gans goldglänsisch.

»Das ganse Gold darfschde behalle, weil de so fleisisch waarschd«, hadd dòò die Frau Holle gesaad ónn hadd em aach wédder die Schbuul genn, die wo em én de Brónne gefall waar. Dòòdróffhin éss das Dòòr wédder dsuugang, ónn das Määdsche waar wédder óff der Erd, gar nédd weid vón seiner Schdiefmódder ihrm Haus weg. Wies awwer óff de Hoof kómm éss, dò hadd de Goggelhahn am Brónne gegrähd:
    »Giggeriggie, giggeriggie,
    unser goldenes Määdsche éss wédder hie!«
Dò ésses éns Haus bei sei Módder gang, ónn weils so gans méd Gold bedeggd aankómm éss, dò hannses gans freindlisch begriesd ónn sénn óms erómgang. Das Määdsche hadd alles verdsähle mésse, was es so erlääbd hadd ónn wies dsu seim Reischdum kómm éss. Wie die Módder geheerd hadd, wie sisch alles dsuugedraa hadd, wolld se ihrer schròò ónn faul Dochder aach dsu so eme Gligg verhelfe.

Dò hadd das faul Määdsche sisch aach mésse an de Brónne séddse ónn schbénne. Weil awwer die Féngere ónn die Schbuul wäae demm langsamme Schbénne nédd bluudisch wòòr sénn, hadd sischs mésse én de Fénger schdesche ónn die Hänn an erer Dòòrehegg vergraddse. Dann hadds die Schbuul én de Brónne geworf ónn éss dann selwer nòògeschbróng.

Es éss dann wie sei Schweschder aach óff die scheen groos Wies kómm ónn éss óff demselwe Päädsche weidergang. Wies an denne Baggoowe kómm éss, hadd das Brood geruuf: »Ach, dsieh misch raus, dsieh misch raus, sónschd verbrenn isch, isch bénn schon lang ferdisch gebaggd!«

Das faule Määde awwer hadd gedenggd: ›Isch bénn doch nédd verriggd, dò méssd isch misch jò dreggisch mache!‹ Ónn es éss weidergang.

Bald denòò éss es an de Abbelbaam kómm. Däär hadd geruuf: »Ach, schiddel misch, ach, schiddel misch, mei Äbbel sénn all meddenanner reif!«

Dò hadds awwer gesaad: »Dò kénnd mer jeeder kómme. Was

éss dann, wemmer so e Abbel óff de Kobb falld?« Ónn es éss weidergang.

Wies ans Haus vón der Frau Holle kómm éss, hadd sischs gar nédd vòòr denne lange Dsänn gefärschd, weils jò alles vón seiner Schweschder geheerd hadd, ónn es hadd sooford bei erer aangefang se schaffe. So hadds wennischdens emòòl gesaad.

Am erschde Daach, woos dann bei der Frau Holle geschaffd hadd, hadds gans wuschd gemach. Es hadd gemach wie wild, waar iwweraus fleisisch ónn hadd aach óff se geheerd, wenn se ebbes dsum gesaad hadd. Im Hénnerkobb hadds awwer nuur an das ville Gold gedenggd, das woos vón erer geschenggd grääd.

Am dswädde Daach éss em die Aarwed schon vill langsammer vón der Hand gang, ónn am drédde Daach wollds mòòrjens schon iwwerhaubd némmeh óffschdehn. Die Bedder vón der Frau Holle hadds aach némmeh gemach, erschd reschd nédd geschiddeld. Vón wee'e Feddere flie'e waar kää Redd meh. Das hadd der Frau Holle gar nédd gefall, ónn se hadd demm faule Ding gekinnischd. Das awwer waars sefriede, weils gemennd hadd, jedds kääm der groose Goldrään. Die Frau Holle hadds dann aach an das groose Door gefiehrd, ónn wies drónner geschdann hadd, éss anschdadd Gold e grooser Kiwwel méd eeglischem Fubbes iwwers ausgeschudd wòòr.

»Das éss die Belohnung fòòr dei Aarwed!« hadd dòò die Frau Holle gesaad, hadds Door dsuugemach ónn abgeschborr. Dò éss das faul Määde hemmkómm ónn waar iwwer ónn iwwer méd schwaardsem Dseisch verdreggd, ónn wie de Goggelhaahn das schròòe Ding gesiehn hadd, hadder gegrähd:

»Giggeriggie, giggeriggie,
es Dreggmarie éss wédder hie!«

Der Dregg awwer éss feschd aan em hänge blieb, er éss némmeh abgang, ónn es hadd ne mésse sei gans Lääwe lang méd sisch erómdraan.

Briedersche ónn Schweschdersche

Es waare emòòl dswei Geschwischder gewään, e Briedersche ónn e Schweschdersche.

Äänes Daachs hadd das Briedersche sei Schweschdersche an der Hand geholl ónn gesaad: »Lieb Schweschdersche, seid unser Módder dood éss, hann mier kää gudd Schdònn meh gehadd. Jeede Daach schlaad uns unser Schdiefmódder ónn schdoosd uns méd de Fies ford. Em Hónd ónnerm Disch gehds besser als wie uns. Mier grien die droggene Broodskorschde ónn es iwwerischgebliewene Esse, ónn däär grédd doch manschmòòl noch e gudder Bésse hingeworf. Wenn das unser gudd Módder wissd, die dääd sisch ém Graab erómdrähe. Wääschde, was? Mier dswei gehn én die weid Weld, gans weid ford.«

Ónn se sénn aach fordgang, iwwer Wiese ónn Felder, iwwer Schdogg ónn Schdään, ónn wenns geräänd hadd, hadd das Schweschdersche gesaad: »De liewe Godd ónn unser Herdse vergiese Drääne.«

Òòwens sénn se an e grooser Wald kómm. Se waare so mied vòòr lauder Jammer ónn Honger ónn vón demm lange Wääsch, dass se sisch én e hohler Baam geseddsd hann ónn éngeschlòòf sénn.

De annere Mòòrje, wie se wach wòòr sénn, hadd die Sónn schon hooch am Himmel geschdann, ónn es waar gudd waarm én demm Baamschdamm wòòr. Dò hadd das Briedersche gesaad: »Schweschdersche, isch hann so Dorschd. Wann isch nuur wissd, wo e Brénnje wäär, isch gääng dabber hingehn. Isch menn jò graad, isch gääng e Brénnje én der Nää bläddschere heere.«

Die bees Schdiefmódder waar awwer e Heggs ónn hadd médgrédd, wie die dswei fordgang sénn. Häämlisch éss se ne nòògeschlisch ónn hadd all Brónne em Wald vergifd.

Wie das Briedersche dann das Gwellsche gefónn hadd, das wo so scheen gliddserisch iwwer die Schdään geschbróng éss, wollds schnell dò draus dréngge. Awwer es Schweschdersche hadd aus demm Murmele vón demm Gwellsche geheerd: »Wäär aus mier dréngdd, werd e Tiescher, werd e Tiescher.«

Dò hadd das Schweschdersche dabber geruuf: »Briedersche, dréngg nuur nédd aus demm dòò Brónne dòò, sónschd werschde e wildes Schdégg Vieh ónn duuschd misch verreise.«

Drodds demm ville Dorschd, wo das Briedersche gehadd hadd, hadds nédd gedróngg ónn gesaad, es gääng dann am näägschde Gwellsche dréngge.

Wie se dann an das näägschde Bäschelsche kómm sénn, hadd das Schweschdersche wédder geheerd, wie das Brénnje gesaad hadd: »Wäär aus mier dréngdd, werd e Wolf, werd e Wolf.«

Dò hadd das Schweschdersche wédder es Briedersche gewaarnd: »Briedersche, dréngg nédd aus demm Brónne, sónschd werschde e Wolf ónn duuschd misch fresse.«

Dò hadd das Briedersche wédder nédd gedróngg, awwer gesaad, dass es an der näägschd Gwell dréngge gääng, dò kénnd kómme, was wolld, sei Dorschd wäär riesegroos.

Dò sénn se an die drédd Gwell kómm, ónn das Schweschdersche hadds nommò schwäddse geheerd: »Wäär aus mier drénggd, werd e Reh, werd e Reh.«

Das Schweschdersche hadd wédder geruuf: »Briedersche, dréngg nuur nédd aus demm Brénnje, sónschd werschde e Reh ónn laafschd mer ford.«

Awwer das Briedersche hadd so schregglisch Dorschd gehadd, dass es nédd sereggsehalle waar. Es hadd sisch niddergegnied ónn hadd vón demm Wasser gedróngg. Kaum dass de erschde Wasserdrobbe iwwer sei Libbe waar, waars schon e Rehkälbsche. Dò hadd awwer das Schweschdersche iwwer sei verdsauwerdes Briedersche geheild, ónn das Reh hadd aach biddere Dräänscher geheild ónn hadd gans läädisch dòò geschdann.

Dò hadd das Määdsche dsum gesaad: »Sei gans ruisch, liewes Rehsche, isch bleiwe émmer bei der ónn lòòse disch nie allään.« Dann hadds sei goldner Schdrómbbännel abgemach ónn hadd ne em Reh óm de Hals geleed, ónn aus weischem Graas hadds e Schniersche gemach fòòr es Reh se fiehre, ónn die dswei sénn dann weider én denne diefe Wald gang.

Wie se lang genuch gang sénn, dò sénn se endlisch an e glääjnes Haus kómm. Ónn wie das Määdsche gesiehn hadd, dass es lääjrschdehd, hadds gedenggd: ›Ei, dò kénne mer bleiwe, dò wolle mer wohne.‹

Dò hadds fòòr das Rehsche Laab ónn Mòòs fòòr e scheenes weisches Laacher gesuuchd ónn hadd em dsaardes Graas gebb, ónn das Rehsche hadd em aus der Hand gefress ónn éss froh ónn mónder óms erómgeschbróng. Òòwens, wenns Schweschdersche mied waar, hadds sei Gebääd gesaad, sei Kobb óff de Bóggel vóm Reh geleed ónn éss dann éngeschlòòf.

Es wäär werglisch e scheenes Lääwe gewään, wenn nuur das Briedersche sei menschlisch Geschdald gehadd hädd. Wie se schon e Dseidlang ém Wald gelääbd hann, wolld de Keenisch vón demm Land ém Wald e groosi Dreibjachd mache. Dò hadd mer die Jachdhärner blòòse geheerd, ónn die Hónn hann

67

gebelld, ónn der wilde Lärm vón de Jääscher hadd iwwerall fòòr Unruh gesorschd.

Wie das Rehsche das geheerd hadd, wäärs gääre debei gewään ónn hadd dsu seim Schweschdersche gesaad: »Ach, loss misch enaus óff die Jachd, isch halle es dòò én der Schdubb nédd länger aus.« Ónn es hadd so gebiddeld ónn gebeddeld, bis das Schweschdersche énverschdann waar. Awwer es hadd gesaad: »De móschd mer awwer verschbresche, dass de òòwens wédderkómme duuschd. Isch schberre die Dier wääe de Jääscher dsuu ónn mache se dier nuur óff, wenn de globbe duuschd ónn saaschd: »Lieb Schweschdersche, loss misch erén! Nuur dann mach isch der die Dier óff.« Jedds éss das Rehsche froh ónn mónder fordgehubbsd.

Wie de Keenisch ónn die Jääscher das scheene Diersche gesiehn hann, sénn sem nòògeridd, fòòrs se fange. Awwer émmer, wenn se gemennd hann, se häddes, husch! waars ém Gebisch verschwónn.

Wies dónggel wòòr éss, éss es ans Heisje gelaaf, hadd aangegloobd ónn gesaad: »Lieb Schweschdersche, loss misch erén!« Dò éss die Dier óffgang, ónn es éss eréngeschbróng ónn hadd sisch óff seim weische Laacher die gans Naachd ausgeruhd.

De annere Mòòrje éss die Jachd wédder vón neiem lossgang, ónn das Rehsche hadd wédder gebiddeld ónn gebeddeld fòòr enaus, bis das Schweschdersche die Dier óffgemach hadd ónn gesaad hadd: »Wenns Òòwend werd, beschde wédder dò ónn saaschd dei Schbrischelsche.«

Wie die Jääscher ónn de Keenisch wédder das Rehsche méd demm goldene Halsband gesiehn hann, sénn sem wédder nòò, awwer es waar schneller. Das hadd so de ganse Daach gang, ónn òòwens hann se es ómdsingeld gehadd, ónn ääner hadds soogaar am Fuus verwund. Dò kónnds nuur noch himbele ónn éss nuur noch langsam fordkómm.

Dò éss em e Jääscher bis ans Heisje nòògeschlisch ónn hadd geheerd, wies geruuf hadd: »Lieb Schweschdersche, loss misch erén!« Ónn er hadd aach gesiehn, wie dòòdróffhin die Dier óffgang éss ónn dsuugang éss. Das hadder dann alles demm Keenisch verdsähld, ónn der hadd befòhl, dass se mòòrje nommò óff die Jachd gehn.

Das Schweschdersche éss aarisch verschrogg, wies gesiehn hadd, dass sei Rehkälbsche verleddsd waar. Es hadd em es Bluud abgewäschd ónn óff die Wund Greider geleed ónn gesaad: »Mei liewes Rehsche, lee disch dòò óff dei weisches Laacher, dass de wédder gesónd gebbschd.«

Die Wund waar awwer, Godd sei Dang, nédd so schlémm, es hadd am näägschde Mòòrje faschd niggs meh geschbierd, ónn wies die Jachdhärner geheerd hadd, dò wollds wédder unbedingd debei sénn ónn hadd gesaad: »Isch kanns nédd aushalle, isch móss enaus ónn debeisénn, die solle siehn, dass se misch nédd grien!«

Dò éss das Schweschdersche draurisch wòòr ónn hadd mésse schlémm heile ónn wollds nédd gehn losse. »Bleib dòò, bleib dòò, die werre disch doodschiese, ónn isch móss dann dò én demm Wald allään seréggbleiwe. Isch losse disch nédd enaus.«

»Dann móss isch vòòr lauder Kummer schderwe, denn wenn isch die Jachdhärner heere, dann menn isch, isch méssd aus de Schuh schbrénge.«

Dò hadd das Schweschdersche nédd annerschd gekénnd ónn hadd méd gans schwäärem Herds die Dier óffgemach, ónn das Rehsche es iwwergligglisch dabber én de Wald gehubbsd.

Wie de Keenisch das Diersche wédder gesiehn hadd, hadder dsu seine Jääscher gesaad: »Heid dreiwe mer das Rehsche de ganse Daach, selbschd wenns én die Naachd gehd. Awwer kääner derf em ebbes selääds duun.«

Wie die Sónn ónnergang éss, hadd de Keenisch dsu demm Jääscher gesaad: »Jedds dsei duu mer emòòl das Waldheisje!« Dò hadd däär em das Heisje gedseid, ónn de Keenisch hadd an die Dier geglobbd ónn geruuf: »Lieb Schweschdersche, loss misch erén!«

Dòòdróffhin éss die Dier óffgang, ónn dò hadd das Määdsche dò geschdann, das waar so scheen, wie er noch kääns gesiehn gehadd hadd. Das Määdsche éss awwer soo verschrogg, wie dòò óff äämòòl e Mann méd erer Groon én der Dier geschdann hadd, wo ääs doch méd seim Rehsche gereschend hadd.

Awwer de Keenisch waar aarisch freindlisch ónn waar gar nédd schdreng ónn iwwerheblisch, hadd em die Hand genn ónn gefròòd: »Wéllschde méd mer óff mei Schloss kómme ónn mei Fraa werre?«

»Ach, jòò«, hadds dò dirregd gesaad, »awwer es Rehsche móss méd, das loss isch nédd em Schdisch.«

»Ei, allemòòl soll das Rehsche bei der bleiwe, so lang wie de lääbschd, ónn es soll em aan niggs fähle.«

Dò es aach das Reh wédder eréngeschbróng kómm, ónn das Schweschdersche hadds an seim Halsband aangebónn, ónn die drei sénn aus demm Waldheisje erausgang. De Keenisch hadd das Määdsche óff sei Päärd geseddsd ónn hadds óff sei Schloss gefiehrd, wo die Hochdseid méd grooser Brachd gefeierd wòòr éss.

Jedds waar das Määdsche e rischdischi Keenischin, ónn se hann e langi Dseid froh ónn sefriede méddenanner gelääbd. Demm Rehsche éss es aach gudd gang, es éss geheeschd ónn gefleeschd wòòr.

Die bees Schdiefmódder awwer, wääe däär wo die Kénner fordgelaaf waare, hadd gemennd, das Schweschdersche wäär schon längschd vón wilde Diere ém Wald gefress wòòr ónn das Rehsche schon längschd vóm Jääscher doodgeschoss wòòr. Awwer wie se jedds geheerd hadd, dass es ne iwweraus gudd gääng ónn se gligglisch wääre, dò hann Neid ónn Missgunschd ihr Herds ball óffgefress, ónn Daach ónn Naachd waar se nuur am Simmeliere, wie se die dswei Kénner kénnd éns Ungligg schderdse.

Die als Heggs hadd aach e eischeni Dochder gehadd, die waar hässlisch ónn hadd nuur ään Au gehadd. Die hadd ihrer

Módder Vòòrwirf gemach, dass sie jedds kää Keenischin wäär, wo sie jò eischendlisch selbschd óff demm Droon méssd séddse, weil das Gligg jò ihr dsuuschdehn méssd. »Sei nuur schdill«, saad dò die Ald, »wenns an der Dseid éss, werr isch schon bei der Hand sénn.«

Indswische éss am Keenischshoof e scheenes Biebsche gebòòr wòòr, ónn de Keenisch waar graad óff der Jachd. Dò hadd die ald Heggs das Aussiehn vón erer Kammerfrau aangeholl ónn éss bei die schwach Keenischin gang ónn hadd gesaad: »Isch hann eisch es Baadewasser schon ferdischgemach, das werd eisch gudd duun, isch hann aach frische Greidscher dsuugeseddsd. Gehn schnell éns Baad, sónschd werds kald.« Ihr Dochder waar aach bei der Hand, ónn se hann die schwach Keenischin én die Baadeschdubb gedraa ónn én die Bidd geleed. Dann hann se die Dier abgeschborr ónn sénn fordgelaaf.

Én der Baadeschdubb éss es awwer ball schregglisch heis wòòr, weil die dswei e Hällefeier gemach gehadd hann, dass die scheen jung Keenischin solld ómkómme.

Wie die dswei ihr firschderlischi Taad vollend gehadd hann, hadd die Ald ihr Dochder geholl, hadd erer die Haub óffgeseddsd ónn hadd se anschdadd vón der Keenischin éns Bedd geleed. Sie hadd erer aach die Geschdald ónn das Aussiehn vón der Keenischin gebb, nuur das verlòòrene Au kónnd se nédd erseddse. Dass de Keenisch das awwer nédd solld merge, hadd se sisch mésse óff die Seid lee'e, wo se kää Au gehadd hadd.

Wie de Keenisch òòwens hemmkómm éss ónn geheerd hadd, dass sei Fraa ihm e Sehnsche geschenggd hadd, dò hadder sisch aarisch gefreid ónn wolld ans Bedd vón seiner lieb Fraa gehn, fòòr se siehn, was se machd.

Dò hadd awwer die Ald dabber geruuf: »Herr Keenisch, óff kääne Fall dirfe Ihr die Vòòrhäng óffmache, die Keenischin derf nédd éns Lischd gugge, se móss Ruh hann!«

De Keenisch éss dann gang ónn hadd nédd gewóschd, dass dòò e falsch Luuder én seim Bedd leid.

Wies Méddernaachd wòòr éss ónn alles rónderóm feschd geschlòòf hadd, hadd die Kéndsmaad, wo én der Kénnerschdubb nääwe der Wie gesess hadd, gesiehn, wie óff ämòòl die Dier óffgang éss ónn die rischdisch Keenischin erénkómm éss. Die hadd das Kéndsche aus der Wie erausgeholl, hadds óff de Aarm geholl ónn hadd em se dréngge gebb. Dann hadd se die Kissjer óffgeschiddeld ónn das Kéndsche wédder én die Wie enéngeleed ónn hadds méddem Deggbeddsche dsuugedeggd. Se hadd aach nédd das Rehsche vergess, hadds én der Egg, woos gelää hadd, geschdreischeld ónn hadd em iwwer de Bóggel gefahr. Dòòdróffhin éss se wédder, ohne e Word se saan, die Dier enausgang.

De annere Mòòrje hadd die Kénnerfraa die Wäschder gefròòd, ob se jemmand én der Naachd gesiehn hädde, wo éns Schloss kómm wäär. Awwer die hann gesaad, dass se kääner aachdgedòòn hädde.

So éss die Keenischin én vill Näschde kómm, ónn die Kéndsmaad hadd se émmer gesiehn, awwer sisch nédd gedraud ebbes se saan.

Wie dann e Dseidlang eróm waar, hadd die aarm Keenischin iwwer äämòòl aangefang se schwäddse ónn hadd gesaad:

»Was machd mei Kénd, was machd mei Reh?

Jedds kómm isch noch dsweimòòl ónn dann nimmermeh.«

Die Kénnerfraa hadd erer dòòdróff kää Andword gebb, awwer wie die Keenischin verschwónn waar, éss se bei de Keenisch gelaaf ónn hadd em alles verdsähld.

»Ach, grooser Godd, was éss das? Die näägschd Naachd wéll isch bei meim Kénd wache!« hadd de Keenisch dò gesaad. Ónn òòwens ésser én die Kénnerschdubb ónn hadd sisch hénnerschdelld, ónn óm Méddernaachd éss die Keenischin wédder kómm ónn hadd gesaad:

»Was machd mei Kénd, was machd mei Reh?

Jedds kómm isch noch äämòòl ónn dann nimmermeh.«

Sie hadd dann ihr Kéndsche wie émmer gehäämeld ónn geschdilld ónn éss wédder verschwónn.

Der Keenisch hadd sisch gar nédd gedraud, fòòr se aanseschwäddse, awwer er hadd aach én der näägschd Naachd wédder bei demm Kéndsche gewachd.

Dò éss se nochemòòl kómm ónn hadd wédder gesaad:
»Was machd mei Kénd, was machd mei Reh?
Jedds kómm isch nuur noch die dòò Tuur,
ónn dann nimmermeh.«

Dò hadd der Keenisch sisch némmeh kénne serégghalle, er éss óffgeschbróng ónn hadd gesaad: »Du kannschd doch nimmand annerschd sénn als wie mei lieb Fraa!«

Dò hadd se sisch se erkenne gebb ónn gesaad: »Jòò, isch bénn dei lieb Fraa!« Ónn én demselwe Mommend hadd unser Herrgodd ihr wédder es Lääwe gebb, ónn se waar wédder frisch ónn rood ónn gesond. Dòòdróffhin hadd sem alles vón der bees Heggs ónn ihrer iwwel Dochder verdsähld, ónn wie die ihr schlémm médgeschbield hann.

De Keenisch hadd die dswei kórdserhand vòòr Gerischd geschdelld ónn das Urdääl fälle geloss. Die Dochder éss én de diefe Wald gefiehrd wòòr, wo se vón wilde Diere verréss wòòr éss. Die Heggs awwer éss éns Feier geworf wòòr ónn éss dord eelend verbrennd.

Wie vón ihr nuur noch e Heifelsche Äsche iwwerisch blieb waar, hadd sisch das Rehkälbsche verwanneld ónn éss wédder e Mensch wòòr.

Schweschdersche ónn Briedersche hann awwer jedds gligglisch gelääbd bis an ihr Enn.

De Froschkeenisch
odder: De eiserne Heinrisch

Vòòr eewisch langer Dseid hadd emòòl e Keenisch gelääbd, der hadd wónnerscheene Däschder gehadd, awwer die jingschd waar so scheen, dass selbschd die Sónn, die wo doch schon vill Scheenes gesiehn hadd, sisch jeedesmòòl verwónnerd hadd, wann se demm Määdsche éns Gesischd geschien hadd.

Gans näägschd bei demm Keenischsschloss waar e grooser dónggler Wald. Ónn én demm Wald waar ónner rer ald Lind e diefer Brónne. Wenns daachsiwwer aarisch heis waar, éss das Keenischskénd én de Wald gelaaf ónn hadd sisch óff de Rand vón demm Brónne geseddsd, ónn wenns em langweilisch waar, dò hadds méd seiner goldene Kuchel geschbield. Es hadd se én die Heh geworf ónn se wédder óffgefang. Dòòdeméd kónnd sischs schdónnelang verweile, ónn es waar sei liebschdes Schbieldseisch.

Wies so gehd em Lääwe, hadd die Keenischsdochder emòòl wédder am Brónne méd ihrer Kuchel geschbield, ónn wie se die Kuchel so én die Heh werfd, falld se nédd én ihr Hänn serégg, awwer dirregd én de diefe Brónne. Die Keenischsdochder wolld noch dabber nòò der Kuchel greife ónn se wédder eraus-holle, awwer die waar schon so dief ónnergang, dass mer se némmeh siehn kónnd. Dò hadds gans schlémm aangefang se heile, ónn es kónnd iwwerhaubd némmeh ruisch werre.

Ónn wies so geheild ónn gejammerd hadd, hadd iwwer äämòòl ääner geruuf: »Ei, Keenischsdäschdersche, was éss der dann passierd? Du heilschd jò, dass sisch die Schdään erbaarme kénnde.«

Dò hadds sisch emòòl erómgeguggd, wo die Schdémm dò kénnd herkómme. Ónn es hadd e digger, schrööer Frosch gesiehn, däär hadd de Kobb aus em Wasser geschdreggd.

»Ach, duu béschds, du alder Wasserschdrambler«, hadds dò gans iwwerraschd gesaad. »Ei, isch heile wääe meiner goldene Kuchel, die wo mer én de Brónne gefall éss.«

»Móschd nédd heile, ónn sei scheen schdill«, hadd dò de Frosch gesaad, »isch wääs e gudder Ròòd. Awwer was gebbschde mer, wenn isch der die Kuchel wédder eróffholle?«

»Was de hann wéllschd, liewer Frosch«, hadds dò schnell gesaad, »mei Glääder, mei Schmugg, mei Perle, mei Eedelschdäänscher, soogaar mei goldnes Greensche, das wo isch óff em Kobb hann.«

Awwer de Frosch hadd gemennd: »Die Glääder, die Perle ónn selbschd dei Greensche maan isch nédd ónn brauch isch nédd, awwer wenn de misch liebhann kénnschd ónn isch dei Freind ónn Schbielkammeraad sénn dirfd, an deim Disch nääwe der séddse, vón deim Teller esse ónn én deim Beddsche schlòòfe dirfd – wann de mer das alles verschbresche gäängschd, dann dääd isch én de diefe Brónne dauche ónn der die goldene Kuchel wédder eróffholle.«

»Ach jòò«, hadds dò gesaad, »isch verschbresche der alles, was de nuur hann wéllschd, wenn de mer nuur mei Kuchel wédder eróffhollschd.« Die Keenischsdochder hadd awwer bei sisch gedenggd: ›Was sisch der äänfäldisch Frosch dò nuur vòòrschdelld! Der huggd bei seinesgleische im Wasser ónn wéll óff äämòòl de Freind vón eme Mensch sénn.‹

Nòòdemm wo das Määdsche demm Frosch alles verschbroch hadd, éss der Frosch éns Wasser gehubbsd ónn éss dord gans dief enónner gedauchd. Dò ésser dann e gansi Weil blieb, bis er wédder óffgedauchd éss. Én seim Maul hadder daadsäschlisch die goldene Kuchel gehadd ónn se vòòr die Keenischsdochder éns Graas geworf.

Das Määdsche waar iwwergligglisch, wies sei scheen Schbieldseisch wéddergesiehn hadd, hadds óffgehoob ónn éss froh ónn unbeschwäärd hemmgelaaf.

»Mach langsamm, mach langsamm«, hadd dò de Frosch

geruuf, »móschd misch aach médholle, isch kann doch nédd so schnell laafe wie duu!«

Awwer was hadds em geholf, dass er laud »Gwaag, gwaag!« geruuf hadd – das Määdsche éss fordgelaaf ónn hadd sisch iwwerhaubd nédd nòò demm Frosch ómgedrähd. Ääs éss dabber óffs Schloss gerennd, ónn de Frosch hadd wédder mésse én de diefe Brónne schbrénge.

Am näägschde Daach awwer, wie sisch die Keenischsdochder méddem Keenisch ónn demm ganse Hoofschdaad an de fein gedeggde Disch gehuggd hadd ónn vón ihrm goldene Teller gess hadd, kómmd óff äämòòl ebbes – bliddsch, bladdsch, bliddsch, bladdsch – die Drebb eróffgegrawweld, ónn wies owwe waar, hadds an die Dier geglobbd ónn geruuf:

»Keenigschdochder, jingschde,

mach mer óff!«

Dò éss se hingelaaf ónn wolld siehn, wäär dòò draus wäär. Wie se awwer óffgemach hadd, hadd de Frosch dòò gehuggd. Dò hadd se die Dier schnell dsuugeschlaa ónn sisch wédder an de Disch gehuggd ónn hadd e gans rooder Kobb grédd vòòr lauder Schregg.

De Keenisch hadd awwer seiner Dochder aangesiehn, dass dò ebbes nédd schdémmd, ónn hadd gefròòd: »Mei gudd Kénd, fòòr was móschde disch dann ferschde, es werd doch nédd óff äämòòl e Leidsgeheier vòòr der Dier schdehn, wo disch fordschlebbe wéll.«

»Ach nää«, hadd dò das Däschdersche gesaad, »es éss kää Leidsgeheier, awwer e hässlischer Frosch.«

»Was wéll dann der Frosch vón dier?« hadd dò de Keenisch gefròòd.

»Ach, liewer Vadder, wie isch geschder im Wald am Brónne geséddsd ónn geschbield hann, éss mer mei goldene Kuchel én de Brónne gefall. Ónn weil isch so schregglisch geheild hann, hadd der Frosch mer se wédder eróffgeholl. Ónn weil er unbedingd verlangd hadd, mei Freind se sénn, hann ischs em aach verschbroch. Isch hädd jò nie im Lääwe gedenggd, dass däär aus em Brónne kääm, ónn jedds huggd er dòò vòòr der Dier ónn wéll bei uns erén.«

Ónn wie die Keenischsdochder so am Verdsähle waar, hadds dsum dswädde Mòòl geglobbd:

»Keenigschsdochder, jingschde,
mach mer óff!
Wääschde némmeh, was de geschder
dsuumer gesaad haschd
bei demm kiehle Brónnewasser?
Keenigschsdochder, jingschde,
mach mer óff!«

Dò hadd de Keenisch gesaad: »Was de verschbroch haschd, das móschde aach halle! Jedds geh ónn mach em óff!«

Dò éss die Keenischsdochder hingang ónn hadd em die Dier óffgemach. Dò éss der Frosch erénkómm ónn ésser nòògehubbsd bis an ihr Schduhl. Wie er dò gesess hadd, hadder geruuf: »Heeb misch eróff óff dei Schoos!«

Sie wolld awwer nédd ónn hadd sisch gedsierd. Awwer de Keenisch hadd endlisch befòhl, dass se ne hoochholld.

Wie er dann schlieslisch óff em Schduhl gesess hadd, wolld er aach noch óff de Disch, ónn wie er dann dord gesess hadd, hadder gesaad: »Schieb dei goldner Teller e bissje bei misch réwwer, dann kénne mer sesamme draus esse.«

Das hadd se dann widderwéllisch gemach, awwer jeeder hadd gesiehn, dasses der Keenischsdochder nédd geschmeggd hadd. Ihr éss jeeder Bisse ém Hals schdegge blieb, awwer demm Frosch hadds gudd geschmeggd.

Am Enn hadd der Frosch gesaad: »Isch hann jedds gudd gess ónn bénn jedds mied. De móschd misch jedds én dei Kammer draan, dei Bedd sereschd mache, ónn dann lee'e mier dswei uns hin ónn mache e Schlääfsche.«

Dò hadd die Keenischsdochder awwer aangefang se heile ónn hadd sisch vòòr demm nasskalde Frosch geschiddeld. Se hadd kaum gedraud, ne aansegreife, ónn der wolld jedds soogaar én ihr scheenes Beddsche, fòòr dord se schlòòfe.

De Herr Keenisch awwer éss gans wiedisch wòòr ónn hadd gesaad: »Wäär dier geholf hadd én der Nood, denne sollschde schbääder nédd verachde.«

Dò hadd se denne Frosch méd schbiddse Fingere aangegréff ónn eróffgedraa ónn hadd ne én e Egge gehuggd. Wie se dann ém Bedd gelää hadd, éss er aangegrawweld kómm ónn hadd gesaad: »Isch bénn mied ónn wéll graad so fein schlòòfe wie duu. Heeb misch hooch, odder isch saans deim Vadder!«

Dò éss das Määdsche awwer fuggsdeiwelswild genn, hadd ne hochgehoob ónn méd voller Wuchd gääe die Wand geschméss ónn gesaad: »Jedds werschde endlisch Ruh genn, du schròòes Vieh!«

Wie de Frosch awwer erónnergefall éss, waars iwwer äämòòl gaar kää Frosch meh, awwer e Brins méd scheene, freindlische Aue. Däär waar jedds nòòm Wélle vóm Keenisch nédd nuur ihr Freind ónn Schbielkammeraad, er waar jedds ihr Gemahl. Dò hadder dann verdsählд, dass er vón erer bees Heggs verdsauwerd wòòr waar, ónn nimmand hädd ne kénne aus demm Brónne erleese wie sie gans allään, ónn mòòrje gäänge se sesamme én sei eischenes Keenischreisch dsiehe. Dò sénn se dann éngeschlòòf.

De annere Mòòrje éss e Schdaadskaross vòòrgefahr kómm méd achd weise Päär devòòr, die hann weise Schdrausefeddere am Kobb gehadd ónn sénn én goldene Kedde gang. Ónn hénne hadd de Diener vón demm junge Keenisch óff der Kuddsch geschdann, das waar de gedreie Heinrisch. Däär waar ofd draurisch gewään iwwer das schregglische Schiggsaal vón seim Herr, der wo én e Frosch verwanneld wòòr waar. Ónn dòòdefòòr hadder sisch drei Eisebänner óm die Bruschd lee'e geloss, weil sónschd vòòr lauder Kummer ónn Drauer sei Herds ausennannergeschbróng wäär. Die scheen Karross hadd awwer solle denne junge Keenisch én sei Reisch abholle.

Der gedreie Heinrisch hadd dann denne dswei én die Kuddsch geholf ónn hadd sisch selwer hénne dróffgeschdelld ónn waar iwwergligglisch ónn voller Frääd, weil jedds Schluss waar méd demm Dsauwer. Ónn wie se so e Schdégg weid gefahr sénn, dò hadd de Brins geheerd, dass ebbes hénne óff der Kuddsch gegrachd hadd, wie wann ebbes kabbudd gang wäär. Dò hadder sisch erómgedrähd ónn hadd geruuf:

»Heinrisch, de Waan grachd ausenanner!«

»Nää, Herr, de Waan grachd nédd ausenanner,

das éss e Band vón meim Herds,

das waar voll groosem Schmerds,

wo Ihr ém Brónne waare,

wo Ihr e Frosch noch waare.«

Dann hadds noch äämòòl ónn nochemòòl ónnerwääs gegrachd, ónn der Keenischssohn hadd jeedesmòòl gemennd, die Kuddsch gääng ausenanner grache, awwer es waare nuur die Eisebänner, die wo vón demm gedreie Heinrisch seiner Bróschd geschbróng sénn, weil sei Herr endlisch erleesd ónn frei ónn gligglisch waar.

Saarländisches Adventskalenderbuch
24 heitere und besinnliche Texte von EDITH BRAUN
80 Seiten, mit Abbildungen, 12,00 €

Die saarländische Weihnachtsgeschichte
von EDITH BRAUN
In diesem schönen Band wird die Weihnachtsgeschichte nach Lukas und nach Matthäus in Mundart erzählt. Geb., 6,00 €

De saarlännische Schdruwwelpeeder
Luschdische Schdiggelscher unn glòòre Bilder vum EDITH BRAUN
32 Seiten, mit allen farbigen Abbildungen, 10,00 €

Der Saarluier Schdruwwelpeeter
Lóschdich Vózehlcher ónn atzlich Biller vaan et KARIN PETER
32 Seiten, mit allen farbigen Abbildungen, 10,00 €

De Saarlännische Max unn Moritz
E Lausbuuwegeschischd in siwwe Schdreische vum EDITH BRAUN
40 Seiten, mit allen Abbildungen, 9,00 €

ANTOINE DE SAINT-EXUPÉRY
De glään Brins
Saarländisch
Mid de Bilder vum Verfasser
Aus dem Französischen für das Saarland von EDITH BRAUN
96 Seiten, gebunden, 13,50 €

Das Saarländische Schimpfwörterbuch
Alles *deiwelische* Wörter von JÖRG SCHÖNLAUB
80 Seiten, mit humorvollen Abbildungen, 5,00 €

Unser Verlagsprogramm senden wir gerne kostenlos zu.
Besuchen Sie uns im Internet: http://www.mundartverlag.de

Verlag M. Naumann
Eicher Straße 4 · 61130 Nidderau
Telefon 06187 22122 · Telefax 06187 24902
eMail: info@mundartverlag.de